La rehabilitación del hábitat

Gestión del patrimonio
habitacional de la
Ciudad de Buenos Aires

La Serie Difusión, que se comenzó a publicar en 1993 por iniciativa de Odilia Suárez, tiene por objetivo principal dar a conocer en forma sintética el proceso y resultados de las investigaciones realizadas en el ámbito de la Secretaría de Investigaciones de la Facultad de Arquitectura, Diseño y Urbanismo de la Universidad de Buenos Aires. Está dirigida a alumnos, docentes, becarios e investigadores, con el ánimo de aportar a la difusión del conocimiento adquirido en las tareas de investigación que se realizan en la FADU-UBA y alentar a su progresiva evolución.

SERIE DIFUSIÓN 20

La rehabilitación del hábitat

Gestión del patrimonio habitacional de la Ciudad de Buenos Aires

Renée Dunowicz
y Teresa Boselli

Programa de
Mantenimiento Habitacional
FADU / UBA

EDICIONES FADU   nobuko

Dunowicz, Renée Beatriz

La rehabilitación del hábitat: gestión del patrimonio habitacional de la Ciudad de Buenos Aires / Renée Beatriz Dunowicz y Teresa Boselli. - 1a ed. - Buenos Aires: Nobuko, 2010.

120 p.: il.; 21x15 cm. - (Serie Difusión / Jorge Alberto Ramos; 20)

ISBN 978-987-584-284-7

1. Arquitectura. 2. Urbanismo. I. Boselli, Teresa II. Título
CDD 711

Facultad de Arquitectura, Diseño y Urbanismo
Serie Difusión
Director: Jorge Ramos
Editor: Rodrigo Hugo Amuchástegui

Programa de Mantenimiento Habitacional:
Directora: Arq. Renée Dunowicz
Investigador Principal: Arq. Teresa Boselli
Colaboradores: Arquitectos Valeria Muchinsky, Rodolfo Besada, Gabriela Orero y Sergio Zotelo
Asesores: Ing. Juan María Cardoni, Arq. Beatriz Amarilla, Arq. Rodolfo Hasse y Lic. Victoria Cowes

Diseño de tapa: Liliana Foguelman
Armado: Karina Di Pace

Hecho el depósito que marca la ley 11.723

© 2010 nobuko

ISBN: 978-987-584-284-7

Julio de 2010

Índice

Introducción

Han transcurrido 17 años desde la edición del libro *Usuarios, técnicos y municipio en la rehabilitación del hábitat.* Lo esencial de su contenido no ha perdido vigencia. Sin embargo, resulta oportuno señalar que hemos avanzado en el tema ampliando el enfoque inicial, entendiendo que durabilidad, habitabilidad y seguridad edilicia son aspectos de una cuestión central, la de *la calidad del entorno construido.*

La calidad del hábitat condiciona la calidad de vida de sus habitantes y es el resultado de la interacción permanente entre los actores que lo construyen y los habitantes que se apropian de él; por ello, tanto la capacitación e idoneidad de sus productores como el nivel de satisfacción de los usuarios determinan la calidad de este proceso.

La gestión de la calidad trasciende el tradicional control aplicado al final del proceso. Es un instrumento preventivo aplicado desde la concepción arquitectónica, que prevé los requerimientos de proyecto, ejecución, uso y mantenimiento, estableciendo la oportunidad y características de los controles técnicos necesarios para una eficaz articulación entre proyectista, constructor y usuario.

La calidad constructiva implica una garantía real para el usuario cuando el diseño se sustenta en una práctica proyectual conectada con la producción, con el conocimiento de las técnicas actuales y respondiendo a las necesidades del destinatario.

¿Cómo evaluar la calidad constructiva? A través del estudio del desempeño edilicio, es decir, su comportamiento en uso. Los requisitos exigidos por la Norma ISO 6241 de *Performance edilicia,* permiten evaluar el desempeño considerando las situaciones ambientales, las condiciones de ocupación requeridas por los usuarios y los modos de gestión administrativa adoptados. Los desajustes entre las condiciones efectivas relevadas y las condiciones de desempeño exigidas permiten definir las causas de las fallas detectadas y proponer soluciones alternativas.

Por otra parte, hemos profundizado en la problemática de la gestión administrativa y de los costos de operación del hábitat. En la actualidad, la necesidad de mantener en valor el parque habitacional plantea el desafío de definir desde la concepción los criterios de calidad constructiva, tipológica y administrativa, que permitan destinar lo posible al mantenimiento edilicio a lo largo de su ciclo de vida.

En este contexto, la investigación se presenta como un insumo indispensable para innovar y para actualizar permanentemente los contenidos de la enseñanza. Si bien el campo de investigación sobre la calidad y el mantenimiento del hábitat es reciente, sus resultados deben transferirse a la formación de grado y de posgrado en la Carrera de Arquitectura. Estas pueden ser las bases de una especialización científica que brinde un alto nivel de competencia profesional en la gestión del hábitat y una reflexión madura sobre la incidencia del diseño en la calidad constructiva y en el mantenimiento del parque habitacional.

La propuesta global intenta establecer mecanismos para que, a partir de la comunidad y con el apoyo de técnicos y municipio, se impulse el desarrollo de estructuras de mantenimiento acordes con la complejidad tecnológica de cada conjunto y con las características de los grupos humanos que albergan, como es el caso del *taller de barrio.*

La participación popular en la gestión del hábitat aparece como respuesta a la insuficiencia de políticas públicas que satisfagan las necesidades de rehabilitación y mantenimiento del mismo, pero la estrategia participativa por sí sola no garantiza el éxito. *Es necesario el apoyo y la acción estatal para su concreción.*

Esta publicación resume resultados de investigaciones desarrolladas en los últimos años en el marco del Programa de Mantenimiento Habitacional de la FADU/UBA, y que fueron financiadas por la Universidad de Buenos Aires, el Consejo Nacional de Investigaciones Científicas y

Técnicas, la Agencia Nacional de Promoción Científica y Tecnológica, la Subsecretaría de Vivienda y Desarrollo Urbano de la Nación, la ex Comisión Municipal de la Vivienda de la Ciudad de Buenos Aires, y el Instituto del Cemento Portland Argentino. Sus contenidos fueron incluidos en el asesoramiento prestado a la Sociedad Central de Arquitectos en el marco de un convenio entre dicha institución y la Subsecretaría de Vivienda de la Nación, concretado en el año 2008.

RENÉE DUNOWICZ
Directora del PMH

1. Fundamentos económicos y sociales de la rehabilitación y mantenimiento como estrategia de conservación del parque habitacional social

Dar respuesta a la demanda masiva de vivienda ha sido uno de los desafíos de la arquitectura moderna. El atributo de social en la vivienda nace con el proyecto moderno, con los ideales de solidaridad y de un justo equilibrio y transferencia entre los ciudadanos. A pesar de la actual crisis de la modernidad, entendemos que siguen vigentes la teoría y las herramientas con que se iniciaron y se desarrollaron las acciones en el campo de la vivienda.

Si se acepta el condicionamiento mutuo entre ambiente construido y características socioeconómicas del entorno, la cuestión del hábitat construido adquiere singular relevancia, ya que es posible reconocer que a la dificultad de acceso a la vivienda que sufren amplios sectores de la población, se suma el deterioro físico y social del espacio urbano que la contiene.

En nuestro país el incremento del déficit habitacional continúa y la población enfrenta mayores dificultades para acceder a su vivienda. Las proyecciones estadísticas indican que si no se instrumentan y aplican políticas sociales apropiadas esta situación se agudizará, con el consecuente deterioro de la calidad de vida de la población. La Ciudad de Buenos Aires tiene un déficit habitacional que afecta a más de 100.000 familias, agravado por serios problemas de deterioro físico, tenencia irregular e inseguridad, siendo escasas las políticas que hagan posible la rehabilitación y el mantenimiento del hábitat construido.

Es posible visualizar por lo menos dos razones o dimensiones, de esta cuestión. Por un lado, una *dimensión económica*, es decir, la necesidad de proteger las grandes inversiones de capital realizadas en la construcción. Por el otro, una *dimensión social*, ya que es sabido que la calidad del espacio construido interactúa fuerte y profundamente con la calidad de vida de sus habitantes. En este sentido, es fundamental tener en cuenta que la población de menores ingresos es la que en mayor medida padece el problema de la degradación progresiva de su hábitat, careciendo al mismo tiempo de recursos para prevenir o revertir esta situación. Los aspectos sociales constituyen entonces, un impulso extra para considerar esta cuestión con sumo cuidado y atención. En lo que hace a la dimensión económica, se ha verificado que los edificios de vivienda tienen una depreciación en su valor que oscila entre el 6% y el 30% en un período de 10 años, según se encuentren en estado óptimo o regular. Esta diferencia de valores evidencia la necesidad de definir el monto destinado a mantenimiento en cada edificio y la distribución porcentual de los rubros que lo componen, a fin de lograr un buen estado de conservación. En la actualidad, la necesidad de mantener el patrimonio sin realizar grandes inversiones plantea el desafío de reducir ese costo, definiendo desde el proyecto los criterios de calidad constructiva, tipológica y administrativa que permitan destinar lo *posible* al mantenimiento edilicio a lo largo de su ciclo de vida.

El concepto de análisis del *ciclo de vida* de los edificios ha ido cobrando interés respecto a la habitual consideración de los costos de capital inicial. Se hizo evidente que decisiones erróneas en la etapa de diseño eran causa de exagerados costos de mantenimiento y operación durante todo el período de vida útil del edificio. En diferentes países, las estimaciones varían respecto del significado cuantitativo de estos gastos sobre el total. En países desarrollados, el capital inicial suele representar apenas cerca del 10% del costo del ciclo de vida; los gastos de operación y mantenimiento nunca son inferiores al 50% ó 60% del costo total (PEGRUM, 1989: 227).

Es evidente que el perjuicio económico por un desempeño inadecuado recae sobre la calidad del hábitat en general, pero el mayor damnificado es el ocupante que debe habitar una vivienda que se deteriora más rápidamente que lo previsible. Una de las consecuencias de este deterioro prematuro es la elevación de los costos de mantenimiento, ya no sólo derivados del desgaste lógico de las construcciones, sino de los surgidos por la falta de previsión o de la adopción de decisiones erradas en alguna de las etapas del proceso productivo.

Los estudios que se mencionan en este trabajo han permitido observar que el deterioro edilicio prematuro se origina tanto por errores de proyecto y ejecución, como por un desequilibrado presupuesto de la gestión administrativa que sobredimensiona los gastos de sueldos y honorarios por sobre las inversiones en mantenimiento (prevención y corrección). El proyecto arquitectónico que no contempla debidamente un apropiado modo de gestión acentúa esta distorsión en el uso de los recursos, todo lo cual *condiciona significativamente el desempeño de la vivienda social*, acortando su vida útil.

En efecto, los diversos modos de gestión administrativa de las copropiedades no constituyen meras formalidades alternativas, ya que producen diferentes resultados en la dinámica de uso y conservación de los edificios. A partir de procedimientos que otorgan diferente capacidad de participación decisiva a los usuarios, resultan distintos modelos de gestión que inciden en forma directa en la economía de los mismos. Básicamente, el número de unidades que conforman el conjunto, el modo de agrupamiento de las mismas entre sí y su relación con la vía pública, generan tipos operativos de administración centralizada o descentralizada. El modelo de consorcio único –centralizado– y el que establece la coexistencia de –subconsorcios sectoriales y administraciones descentralizadas– poseen similitudes y diferencias entre sí, tanto de orden cuantitativo como cualitativo.

La administración, uso y conservación de los barrios es una tarea compleja, más aún si –a los problemas constructivos mencionados– se les suman los derivados de problemas jurídicoadministrativos, económicos y sociales, como ser: la inadecuación entre la estructura espacial y la necesaria aplicación del actual régimen de propiedad horizontal, situaciones irregulares en la tenencia de las viviendas, limitaciones económicas de los ocupantes originales o cambio de *status* por desocupación, ausencia de una organización de la comunidad que pueda llevar adelante las tareas imprescindibles para administrar y mantener adecuadamente las viviendas y su entorno.

El deterioro prematuro de los barrios tiene consecuencias negativas, no sólo en lo que hace a las condiciones de habitabilidad y de seguridad de sus habitantes, sino también en el deterioro de la *trama social,* con una escasa apropiación de los vecinos de los espacios comunes, el desinterés por el cuidado de las viviendas, debilitación de vínculos solidarios entre los habitantes, la exclusión y marginación de los barrios respecto a la ciudad que los contiene. Para responder al problema planteado, es necesario contar con un diagnóstico actualizado del estado del parque habitacional. Ello implica una evaluación sistemática de su situación física, funcional y administrativa, es decir, su *comportamiento en servicio* a lo largo de su vida útil, corroborado por los niveles de satisfacción de sus habitantes. Los criterios de definición de la *vida útil* de la vivienda social han variado con el correr del tiempo, dependiendo de los programas y operatorias implementados y del acento puesto por los mismos en los aspectos cualitativos o cuantitativos de la producción. Implementar una política habitacional consistente requiere de este diagnóstico previo sobre el estado de nuestro parque. Esto implica el reconocimiento de lo existente conjugando tiempos e intereses de la sociedad en su conjunto, criterio básico de la planificación.

2. Metodología de evaluación de desempeño edilicio

La evaluación de desempeño edilicio incluye el *estado físico* y *funcional*, la *gestión administrativa* y *costos de operación* y *mantenimiento*, y finalmente la *satisfacción del usuario*, aspectos que condicionan significativamente el desempeño de los edificios y el comportamiento colectivo de sus habitantes respecto al uso y apropiación de su hábitat.

Desempeño físico y funcional

Tiene por objeto evaluar el producto final: el edificio en uso. Esto implica evaluar los desajustes entre las condiciones relevadas y los requisitos de desempeño exigidos por la *Norma iso 6241* (norma internacional para estudiar la *performance* de la edificación, 1984).
En la norma se define a las exigencias como el conjunto de necesidades a ser satisfechas por un edificio, para que éste cumpla con la función a la que fue destinado. De esta manera, los indicadores de desempeño utilizados en las mediciones se organizan según las exigencias establecidas en la Norma mencionada:

- *seguridad* (estabilidad estructural, contra incendio y contra terceros);
- *habitabilidad* (confort acústico, higrotérmico, y estanqueidad);
- *durabilidad y economía.*

Asimismo, se determinan los ensayos, mediciones y controles requeridos para la evaluación y se adoptan criterios de ponderación por rubro (estructura, envolvente, carpinterías, caja de escaleras, etc.) para determinar el estado de cada uno, según los niveles de mantenimiento requeridos.

Para el relevamiento del *sistema técnico-constructivo* y de las *manifestaciones patológicas*, se desglosa al "sistema edilicio" en sus diferentes subsistemas, según las funciones que cada uno desempeña, a partir de un recorrido que va desde el exterior al interior del edificio: *obras y espacios exteriores a los edificios* (parquización, cercos, senderos, veredas, estacionamientos, etc.); *edificio* (estructura, envolvente vertical –paramentos y carpinterías– envolvente horizontal –techos–, espacios comunes e instalaciones comunes) y *unidad de vivienda* (divisiones interiores de la envolvente, confort higrotérmico y acústico, locales húmedos y secos, terminaciones, etc.)

Una base de datos tiene incorporada un listado de las *manifestaciones patológicas características por rubro*. En esta base se registran la existencia y extensión relevadas *in situ*. En los rubros que lo requieren, el relevamiento se completa con preguntas a los administradores y/o usuarios.

Los aspectos *cualitativos* se cubren a partir de la aplicación de métodos de diagnóstico particulares, según especialidad o rubro.

Los aspectos cualitativos y cuantitativos de las patologías observadas son calificadas según su *gravedad* y su *extensión*, en función de las situaciones de riesgo referidas a la seguridad de los habitantes, la disminución de la calidad de vida de los mismos y la obsolescencia precoz de los edificios. A partir de dicha calificación, se determinan las prioridades y la magnitud de las reparaciones a implementar.

Las exigencias de *durabilidad y economía* se relacionan con otro de los aspectos considerados: el *administrativo-dominial*. Para su estudio se relevan: tipo de organización administrativa, tamaño de los consorcios, costos de operación y mantenimiento por rubros, valor de mercado de la vivienda, valor de reposición, situación de tenencia, entre otros datos.

Gestión administrativa y costos de operación y mantenimiento

Los métodos *ex post* más conocidos (Preiser u Ornstein) evalúan en general los aspectos físicofuncionales contrastados con la satisfacción del usuario. El PMH considera que, en el proyecto de la vivienda social, un sector donde los recursos son escasos, la ecuación [costo de obra- costo de uso] es fundamental y no debe plantear restricciones presupuestarias en las etapas de proyecto y construcción, que trasladen los mayores costos a su gestión posterior. Por ello, también incluye este aspecto y el de la gestión administrativa (estrechamente relacionado con el primero) en la metodología de evaluación de desempeño.

Los *costos de mantenimiento* son tanto los derivados del desgaste lógico del edificio y originados por un uso normal del mismo a través del tiempo, como los originados en errores cometidos en alguna de las etapas de producción (proyecto-ejecución-uso).

No invertir en el mantenimiento de la vivienda desde el momento de su ocupación trae como consecuencia una vida útil menor a la esperada, y como resultado será necesario realizar gastos adicionales en reparación y mantenimiento posterior.

En el análisis sobre *costos de operación y mantenimiento* se consideran variables que inciden directa e indirectamente en éstos, entre otros:

- Tipología edilicia.
- Superficies comunes, tanto interiores como exteriores.
- Resolución tecnológica.
- Adaptación de la propuesta a las condicionales ambientales.
- Monto y destino de las expensas.
- Tipo, tamaño y formas de organización de los consorcios.
- Modalidad y calidad del proceso de gestión administrativa del edificio, y grado de participación de los usuarios en dicho proceso.

La antigüedad del conjunto a veces no confirma la teoría, en el sentido que se observan altos costos de mantenimiento en construcciones relativamente recientes. Un estudio realizado en un conjunto habitacional de 2.100 viviendas (Conjunto Urbano Comandante Piedrabuena, 1981), dio como resultado que el 44% de los gastos de operación y mantenimiento de los edificios correspondían a gastos fijos, y el 56% restante a gastos extras, derivados de fallas, en general de urgente reparación. Este desequilibrio indica que no se habían programado debidamente las rutinas de mantenimiento, como también la acumulación de fallas en el proceso de producción, que se evidencian durante el uso. En cambio, conjuntos de planta baja y hasta 3 pisos altos (sin ascensor) de la década de 1950 (como los barrios San Martín y Manuel Dorrego, de alrededor de 1.000 viviendas cada uno), construidos con materiales durables y de fácil mantenimiento, hoy, cincuenta años más tarde, se encuentran en buen estado, con gastos de expensas por departamento bastante reducidos, aproximadamente u$s 8.00 (DUNOWICZ, R., 2000).

Costo del ciclo de vida

Los costos de uso se miden a partir de registros de los diferentes rubros que integran el mantenimiento y operación de edificios. Lo ideal sería comparar los costos actuales respecto de los objetivos económicos trazados en la etapa de proyectos para la vida útil, y realizar los ajustes de rumbo necesarios (PEGRUM *et al.*, 1989: 232). Este objetivo, en la gran mayoría de los casos, no se cumple, ya que directamente los costos de uso no se estimaron durante el proyecto. Aunque los pronósticos futuros son inciertos, especialmente en países con crisis económicas cíclicas, un estudio sistemático de los datos disponibles provee una visión del futuro menos incierta que la obtenible por vía de la intuición (FLANAGAN, 1984: 195).

Se suele sostener que los costos de uso son inversamente proporcionales a los costos de capital. Esta afirmación en general resulta exacta en el contexto argentino. Sin embargo, si el desempeño económico fuera introducido en el diseño como un factor más de calidad, sería posible optimizar, simultáneamente, los costos de capital y los de mantenimiento.

Como los fondos para afrontar los gastos derivados del uso son limitados, aun en países desarrollados, han surgido metodologías para priorizarlos.

En este sentido pueden mencionarse dos ejemplos británicos. En primer lugar, los trabajos realizados en la Universidad de West of England, referidos al uso de técnicas multiatributos, en el que para establecer prioridades, se consideran un cierto número de factores clave, a los que se le asigna una determinada influencia en términos cuantitativos (importancia del edificio, condiciones de uso, efectos de fallos sobre los usuarios, sobre el edificio, sobre la provisión de servicios, etc.) (SHEN *et al.*, 1998: 699-702) (AMARILLA, 2001: 21-22). También pueden citarse las encuestas realizadas a las Asociaciones de Vivienda (Housing Associations) con el propósito de conocer las características de las viviendas a mantener, su antigüedad, el tipo de tareas a realizar y su frecuencia, lo que permite una planificación a mediano y largo plazo de las tareas, según su importancia y urgencia (CHAPMAN, K., 1998) (AMARILLA, 1998: 20-23). En cuanto a la *organización administrativa*, La Ley Nº 13.512/48 (de Propiedad Horizontal) provee el marco normativo para el estudio de aspectos relacionados con la gestión de las copropiedades.

Otra información se obtiene de los Gastos de expensas, el Plano de Mensura y Subdivisión en Propiedad Horizontal y del Reglamento de Copropiedad, los que se complementan con entrevistas y encuestas a administradores y usuarios.

Con este enfoque, la elaboración de un *Inventario de la Vivienda Social* construida por la acción directa del Estado en la Ciudad de Buenos Aires, en el período 1907-2002 es el instrumento que nos permite sistematizar la *evaluación del desempeño del parque habitacional construido* aplicando en casos representativos la metodología, que considera el contexto donde se insertan los distintos casos y las relaciones entre las tipologías edilicias, los aspectos administrativos y los económicos, comparándolos con el desempeño técnico-constructivo y funcional de la vivienda social y con la satisfacción de los usuarios.

De los estudios realizados por el PMH surge que una porción importante del actual Parque Habitacional Social (PHS) presenta un deficiente nivel de conservación, que afecta tanto a los edificios como a su entorno, y obviamente, a la calidad de vida de sus habitantes. En particular, se hace evidente un prematuro deterioro de las estructuras, las fachadas, las carpinterías y los techos.

Resumen metodología

Objetivo general	→	Evaluación de ambientes construidos		
Objetivo de estudio	→	**Vivienda social**		
Universo	→	Conjuntos habitacionales producidos por acción directa del Estado en la Ciudad de Buenos Aires		
		↓		
Qué se evalúa	→	Desempeño del sistema edilicio		
		↓		
Norma de referencia	→	Norma ISO 6241: Seguridad Estructural - Seguridad c/incendio - Seguridad de uso - Durabilidad - Adaptación al uso - Estanqueidad - Confort acústico - Confort higrotérmico - Economía		
Metodología				
Aspectos considerados	→	Tenencia, administración y costos de uso y mantenimiento	→ Estado técnico-constructivo y funcional →	Satisfacción del usuario
↓		↓	↓	↓
Relevamiento de datos de archivo	→	Situación tenencia. Forma de administración. Reglamento de Copropiedad. Plano de Subdivisión en Prop. Horizontal. Costos de operación y mantenimiento (expensas).	Pliegos de licitación de obra. Planos de Arquitectura. Memoria descriptiva. Estudio de suelos. Planos de detalles. Planos de instalaciones.	Operatoria. Destinatario. Forma de adjudicación. Planos de arquitectura.
Relevamiento de datos de campo y ensayos de laboratorio	→	Entrevista a Administradores y Usuarios con Cuestionario.	Observaciones, Entrevistas, Cuestionarios y Mediciones. Ensayos de laboratorio.	Entrevista a usuarios con Cuestionario.
Técnicas de registro	→	Listas pre-codificadas.	Ficha de Identificación, Planillas de Relevamiento del Sistema Constructivo y de Manifestaciones Patológicas, Figuras.	Listas pre-codificadas.
↓		↓	↓	↓
Evaluación		**Criterios de ponderación según** gravedad y extensión de las patologías detectadas		
↓		↓		
Diagnóstico	→	Determinación de los niveles de intervención		

Asimismo, las modificaciones realizadas por los usuarios sugieren una falta de adaptación de los espacios a sus reales necesidades. La situación se agrava por las dificultades que surgen para implementar una eficiente gestión administrativa en los edificios de vivienda colectiva en copropiedad, tanto por las restricciones económicas imperantes y por los imprecisos Reglamentos que norman su funcionamiento, como por el desconocimiento de usuarios y administradores sobre los aspectos legales, técnicos y administrativos de la conservación edilicia. El atraso en la regularización dominial de las viviendas profundiza las dificultades en la gestión.

3. La vivienda social construida por el sector público en la Ciudad de Buenos Aires, 1907-2002

La producción de viviendas destinada a familias de bajos ingresos es una cuestión que –a través del tiempo– se ha enfocado desde muy variadas perspectivas. En la Europa de fines del siglo XIX los niveles de hacinamiento y miseria adquirieron relevancia al involucrar a los vecindarios urbanos. Esta situación originó una primera respuesta *higienista,* seguida luego por una visión *asistencialista* que intentaba aliviar las injusticias inherentes a estas condiciones de vida dotando de habitaciones mínimas a la clase obrera.

Las sociedades industrializadas de la postguerra, a mitad de siglo XX, dieron origen a una nueva perspectiva. Los países europeos comprobaron que además de entregar casas, los programas de construcción masiva, generaban un impulso a las actividades económicas en general. Sus objetivos apuntaban a facilitar y propiciar la industrialización de la vivienda, tal vez más para abaratar los costos de producción que con la intención de entregar una vivienda digna y fácil de mantener a sus destinatarios. Hacia fines del siglo XIX, el acceso a una vivienda digna se constituyó en una necesidad social.

Desde la *casa colectiva* hasta el *departamento en propiedad horizontal,* las soluciones arquitectónicas que se implementaron a lo largo del último siglo, dan testimonio de las posturas y estrategias llevadas adelante por los distintos actores *–públicos y privados–* involucrados en la problemática del hábitat. Por su parte, las reglamentaciones y consecuentes formas de tenencia, en *alquiler* o en *propiedad,* condicionaron los diseños y los modos de apropiación de las viviendas por sus ocupantes. En la segunda mitad del siglo, frente al explosivo aumento del *déficit habitacional,* surgió la necesidad de dar respuestas *masivas.* Ello produjo una modificación radical en la forma de producción, con la incorporación de nuevos materiales, sistemas constructivos industrializados, y nuevas tipologías urbano-arquitectónicas para la vivienda colectiva. Pero, una consecuencia no deseada, fue el deterioro prematuro del parque habitacional construido, resultado de un significativo descenso de los niveles de calidad constructiva y de imprevisiones de proyecto con relación a su posterior uso y mantenimiento.

En resumen podemos decir que, a lo largo del último siglo, el Estado y organizaciones privadas sin fines de lucro, han llevado adelante iniciativas en el campo de la vivienda *social.* Como resultado de la *acción directa* de estos promotores, la ciudad de Buenos Aires cuenta hoy con un parque habitacional social heterogéneo, con estándares cualitativamente diferentes y espacialmente circunscrito a zonas devaluadas de la ciudad. En general, se observa un deterioro prematuro de las condiciones de seguridad, durabilidad y habitabilidad de gran parte de este parque y situaciones de tenencia precaria o irregular, que inciden desfavorablemente en la calidad de vida de los habitantes.

Sólo si se consideran los casos de vivienda social construidos por la acción directa del sector público en la Ciudad de Buenos Aires, se registran 120 obras, con más de 43.000 unidades de vivienda y una población alojada de cerca de 240.000 habitantes. Con el correr del tiempo, el uso, la apropiación o el rechazo de sus habitantes, consolidó un patrimonio social de muy variadas características y diferentes niveles de conservación.

3.1. Planes y operatorias, normas que acompañaron la implementación de las intervenciones, viviendas construidas y actores participantes.

Análisis según períodos

Un análisis según distintos períodos permite observar la *variación* de algunos indicadores a lo largo del tiempo. Estos períodos han sido delimitados en función de los cambios más significativos en las políticas públicas, la legislación y las formas de producción de la vivienda social, como condicionantes del *desempeño del parque habitacional* en cada período.

1905-1945
Los "barrios de vivienda individual" y las "casas colectivas"

La vivienda era a fines del siglo xix uno de los aspectos más desfavorables de la vida social, en particular en el área urbana. Un estudio del Dr. Guillermo Rawson afirmaba que *"en 1883 existían en la Ciudad de Buenos Aires 1.868 conventillos, los cuales constaban de 25.645 piezas. En ellos habitaban 64.158 personas, entre ellas 22.049 niños. El promedio de habitantes por pieza era 2,5 personas. Las condiciones deplorables y la falta total de higiene imperante en ellos daba como resultado que la tasa de mortandad fuera del 30 por mil..."* (BALISTA 1986). Hacia 1919, la población en los conventillos se había duplicado (alrededor de 150.000 familias). En la mayoría de los casos se alojaban más de 5 personas por pieza, y el alquiler representaba la cuarta parte o más de los recursos conque contaba el grupo familiar (CARRACERO, 1980).

El barrio Azucena Butteler, construido en 1907, marca la primer iniciativa desde el Estado a través de una acción directa del municipio, en el marco de la Ley 4.824/05, de Casas Baratas, también denominada Ley Irigoyen.

La actuación del Estado con relación a la vivienda social se inicia en el marco de un acalorado debate acerca de las condiciones de vida de los sectores más humildes de la población, hacinada en inquilinatos y conventillos. En este sentido, la ley mencionada es el primer antecedente legal en la materia y supone para algunos autores *"la aparición de la preocupación oficial por el tema"* (BALIERO *et al*, 1983). Sus destinatarios eran empleados, obreros y jornaleros; y su objetivo, responder a las crecientes movilizaciones sociales por mejores condiciones de vida.

Las alternativas planteadas como respuesta al problema de la *vivienda obrera* –la vivienda individual o la vivienda colectiva– marcaron

Año	Designación	Cantidad de viviendas
1907	Barrio Butteler	64
1910	Barrio Parque Patricios	116
1919	Casa colectiva Valentín Alsina	70
1921	Barrio Cafferata	160
1922	Casa colectiva Rivadavia	41
1923	Barrio Emilio Mitre	623
1923	Barrio Nazca	476
1924	Barrio Liniers	1.114
1924	Barrio Varela	650
1926	Barrio Bonorino	902
1926	Barrio Segurola	669
1927	Barrio Alvear I	127
1927	Barrio Tellier	556
1928	Barrio Los Andes	154
1934	Barrio Guillermo Rawson	176
1937	Barrio Alvear II	128
1937	Casa colectiva América	95
1939	Casa colectiva Patricios	77
1943	Casa colectiva Martín Rodríguez	141

el eje central del debate de aquellos primeros años, tanto en los ámbitos políticos como en los técnicos. Dos tipologías urbano arquitectónicas, los *barrios de vivienda individual* y las *casas colectivas* fueron la concreción espacial de este debate. Ambas tipologías llevaban implícito las formas de tenencia posibles en cada caso: las *viviendas individuales* insertas en los barrios podían ser adquiridas en propiedad mediante sistemas de créditos blandos (en cuotas a largo plazo y bajo interés) ofrecidos tanto por el sector público como por el privado sin fines de lucro. Las *casas colectivas* por su parte, ofrecían la posibilidad de alquilar una vivienda incluida en un edificio, compartiendo lote y servicios con otras viviendas, a precios accesibles para la clase obrera. Los *barrios de vivienda individual* generaron un tejido urbano particular en nuestra ciudad, en base a la partición de la manzana tradicional en varias tiras de manzanas alargadas (tipo *tallarín*) y calles corredor. Las viviendas, apareadas y de dos plantas, se ubicaban en lotes de escasa superficie (8 x 8).

Las *casas colectivas*, se concretaban en general a partir de pabellones de planta baja y hasta 3 pisos altos, enmarcando patios a través de los cuales se accedía a las distintas unidades de vivienda.

En 1915, la sanción de la Ley 9.677, conocida como *Ley Cafferata*, dió lugar a la creación de la Comisión Nacional de Casas Baratas (CNCB), inspirada en las sociedades francesas de *Habitation à Bon Marché*. La CNCB construyó en la Ciudad de Buenos Aires 1.012 viviendas hasta su disolución en 1944, siendo la primera iniciativa relevante en términos de obra materializada.

A la obra de la CNCB, se sumaron acciones llevadas a cabo por la Municipalidad de Buenos Aires, como los barrios de vivienda individual construidos a partir de la firma de un contrato con la Compañía de Construcciones Modernas, concretándose 5.000 viviendas de las 10.000 previstas en el acuerdo. Asimismo, en 1924, el municipio llamó a concurso para la construcción de tres casas colectivas para renta, de las cuales sólo se construyó la Casa Colectiva Los Andes.

La acción del *sector público*, durante estos primeros años, se tradujo en doce barrios de vivienda individual y siete casas colectivas, las que representaron alrededor de 6.340 viviendas construidas. Número escaso para un largo período, que sin embargo dejó en nuestra ciudad ejemplos de singular calidad y en muchos casos hoy revalorizados social y económicamente, como los Barrios Butteler y Cafferata o las Casas colectivas América, Alvear II y Martín Rodríguez.

1946-1955
El *monoblock* una nueva tipología para la vivienda obrera.

A partir de la década del '40 surgió un nuevo fenómeno urbano, las *villas de emergencia*, consecuencia de la migración masiva de pobladores rurales a la ciudad en busca de trabajo. El acceso a la propiedad de la vivienda fue una de las principales reivindicaciones sociales de la época.

En 1943, con la creación de la Secretaría de Trabajo y Previsión Social de la Nación, se inició una etapa de reformulación de la legislación referida a vivienda. En 1944 se disolvió la Comisión Nacional de Casas

Año	Designación	Cantidad de viviendas
1948	Barrio Sáenz Peña	177
1948	Barrio Balbastro	108
1949	Barrio Saavedra	428
1949	Barrio Manuel Dorrego	1.068
1950	Barrio Gral. San Martín	959
1952	Barrio Albarellos	40
1953	Barrio Simón Bolívar	676
1954	Barrio Alvear III	1.692

Baratas, y se constituyó la Administración Nacional de Vivienda por Decreto 11.157/45.

A partir de 1946, la política del Estado para el sector vivienda se traduce en 13 leyes determinantes de su producción, comenzando por la prórroga del congelamiento de alquileres y la suspensión de los desalojos aprobados en 1943, las que modifican notoriamente el mercado de locación y de producción de la vivienda urbana.

En 1947, la Administración Nacional de la Vivienda pasa a depender del Banco Hipotecario Nacional (BHN), que a su tradicional rol crediticio suma el de ejecutor. Entre 1947 y 1957 escritura 300.000 viviendas frente a las 101.200 escrituradas entre 1886 y 1947.

En 1948 se sanciona la *Ley 13.512 de Propiedad Horizontal*, que permite por primera vez la subdivisión y venta por separado de distintas unidades de un mismo inmueble multifamiliar. La sanción de esta ley tiende a *"facilitar el acceso de todos los argentinos a la propiedad privada"*, y promueve que *"la locación de los inmuebles estará subordinada a la función social de la propiedad"*. Esta ley constituye una pieza fundamental de la legislación en la materia, posibilitando el surgimiento de un nuevo modelo de vivienda colectiva urbana, el *"departamento en propiedad horizontal"*, y una nueva categoría jurídica, el *"copropietario"*.

La acción pública en este período tuvo un corte intervencionista a partir de numerosas leyes que condicionaron la oferta del mercado de alquileres y la tenencia de terrenos ociosos, acompañadas por una extensa producción de viviendas, a través de la *acción directa del Banco*

Hipotecario Nacional, en la jurisdicción nacional, y, en la jurisdicción municipal, a través del *Plan Eva Perón.*

El diseño de las viviendas producidas por el *sector público* en este período, era realizado en las propias oficinas estatales de proyecto, que a partir de la experiencia adquirida contaban con distintos prototipos para responder a diferentes implantaciones.

En este contexto, y a excepción de dos barrios de vivienda individual (Saavedra y Ciudad Evita, en el partido de La Matanza), la tipología urbano-arquitectónica predominante fue el *monoblock,* consistente en un sistema de pabellones de planta baja y 3 pisos altos, dispuestos paralelamente sobre el terreno, con espacios verdes y algún equipamiento, priorizándose en la disposición el asoleamiento y la orientación. Estos barrios se localizaron en grandes vacíos urbanos de áreas desfavorecidas de la ciudad, y en cercanía de importantes centros de producción (fábrica Grafa, Matadero Municipal, etc.). Los terrenos utilizados involucran, en general, superficies de 10 o más hectáreas (*supermanzanas*), con la inclusión de equipamiento comunitario. Esta propuesta tildada en algunos casos como *higienista* resulta hoy en barrios con cuidados espacios verdes y de uso común con satisfactoria apropiación de sus habitantes y vecinos.

1956-1976
El "conjunto habitacional"

Hacia los años '60, el déficit de viviendas se agudizó instalándose la necesidad de actuar ante una situación de *emergencia habitacional.*

En 1956, se creó la *Comisión Nacional de Vivienda* (cnv) en la órbita nacional, y, en 1957, la *Dirección General de Vivienda* con jurisdicción en Capital Federal y Gran Buenos Aires. La cnv puso en marcha el *Plan de Acción Inmediata* que se concretó con la ejecución de 2 barrios localizados en el Bañado de Flores, de construcción muy precaria y rápido deterioro, características que se verifican en el barrio Presidente Rivadavia, declarado "villa de emergencia" en 1978 por la mcba.

Por su parte, el gobierno de la ciudad puso en marcha en 1960 el *Plan Municipal de Vivienda* dirigido a grupos familiares con cierta capacidad

Año	Designación	Cantidad de viviendas
1957	Barrio Presidente Rivadavia	1.168
1957	Barrio Presidente Mitre	324
1957	Barrio Parque Almte. Brown	468
1958	Barrio Lisandro de la Torre	96
1965	Conjunto urbano Castro	400
1966	Conjunto urbano A. Palacios	2.200
1967	Conjunto urbano Nágera	1.302
1967	Conjunto urbano Constitución	508
1969	Conjunto urbano Mariano Castex	576
1970	Conjunto urbano Pampa I	176
1973	Conjunto urbano Gral. Savio	6.440
1974	Barrio Justo Suárez	126
1975	Conjunto urbano Lugano	293

de ahorro. Para su concreción llamó a concurso para la construcción de 4 conjuntos habitacionales con un total de 4.410 viviendas: Nágera y Castro, en el sudoeste de la ciudad, como parte de una estrategia de desarrollo del sector incluida en el Plan Director de 1958;[1] y Catalinas Sur ("Conjunto Urbano Alfredo Palacios") y Constitución, consolidando al sector sur-sudoeste de la ciudad como área de implantación de la vivienda social. Con este llamado a concurso, el municipio intentó promover la incorporación de las empresas en los concursos de vivienda, y la experimentación en sistemas racionalizados y nuevas técnicas industriales de producción. Este último objetivo se cumplió escasamente, ya que los barrios se construyeron con sistemas tradicionales

---

1. Plan Director para Capital Federal y lineamientos para el Área Metropolitana (1958-65). Elaborado en las Oficinas del Plan Regulador de Buenos Aires (OPRBA) de la MCBA (Sarrailh, García Vázquez, Goldemberg, O. Suárez, Testa y Villa). Aprobado por Decreto en 1962.
Contenía el *Plan Director para la Capital Federal* el que entre sus propuestas mencionaba:
• Propender a una distribución más equilibrada de la población entre el sector Norte y el Sur de la ciudad a través de la recuperación y saneamiento del entonces Bañado de Flores y de los basurales, transformándolos en un sector urbano organizado (hoy Parque Almirante Brown y conjuntos habitacionales Lugano y Soldati);
• La Renovación del Barrio Sur (Suárez, O., 1994).

racionalizados mayoritariamente, no lográndose en esa instancia la deseada innovación tecnológica.

En 1961, se creó la *Administración Federal de Vivienda*, dependiente del Ministerio de Economía y un año después se implementó el Plan Federal de Vivienda en el marco de un convenio con el Banco Interamericano de Desarrollo (BID), iniciándose la época de los planes masivos de vivienda en el país.[2]

También en la esfera nacional, en 1965, nace con rango de *Secretaría, la Secretaría de Estado de Planeamiento y Vivienda*, y se definen sus competencias en todo lo inherente a estudios, realización y promoción de planes habitacionales encarando el problema del déficit habitacional dentro de una planificación a escala nacional. Durante este período se formulan desde la SEV las primeras *Normas Mínimas de Habitabilidad*, que contaron con la colaboración y recomendaciones del Instituto de la Vivienda de la Universidad de Buenos Aires.

En 1967, se implementa a nivel nacional el *Plan de Erradicación de Villas de Emergencia* (PEVE), mediante Decreto Ley 17.605/67. Este plan intentaba dar una respuesta masiva, económica y rápida al déficit habitacional, respuesta posible en gran medida por la *importación de sistemas industrializados pesados*. El tipo de intervención se basaba en la *erradicación* de los asentamientos irregulares, el producto de reemplazo fue la construcción de grandes conjuntos habitacionales sobre terrenos libres. Financiados por fondos públicos, con muy bajo o sin recupero, la decisión y planificación la realizaba el Estado en forma centralizada, y la construcción las grandes empresas por licitación pública (FERNÁNDEZ WAGNER, 2004).

Entre tanto, en jurisdicción de la ciudad de Buenos Aires, se creó 1964 y se reglamentó en 1967 la *Comisión Municipal de la Vivienda* (CMV) a través de la ley 17.174. El objeto de su creación fue la promoción de vivienda de interés social destinada a sectores de bajos ingresos

---

2. En este período, se suman al financiamiento local, nuevas alternativas de financiamiento internacional aplicables a planes de acción directa. El primero en concretarse es un crédito internacional de 12,5 millones de U$S, aprobado en 1963, en el marco de la *"Alianza para el Progreso"*.

residentes en la Ciudad de Buenos Aires y en los partidos de la provincia que integran el Gran Buenos Aires.

La ley 17.174/67 estableció que la CMV funcionara como organismo descentralizado y actuara como entidad autárquica con capacidad de derecho público y privado para extender su acción fuera del ámbito de la Jurisdicción de Capital Federal a efectos de cumplir con su objetivo. Con la creación de la CMV, y en su primera etapa de actuación, se ponen en marcha políticas locales, planificadas desde la ciudad para el área metropolitana, superpuestas a planes nacionales con aplicación en la ciudad de Buenos Aires.

Entre otras acciones, la CMV llevó adelante las obras relacionadas con el *Plan Regulador para el Área Metropolitana de Bs. As.*, de 1962, que incluyó el mencionado Plan Director para la Capital Federal,[3] con objetivos particulares que cumplir, entre ellos la *recuperación de tierras del Parque Almirante Brown (PAB).*[4] Esta urbanización justificó la erradicación de una serie de villas de emergencia asentadas en la zona sur de la ciudad. El Plan Piloto para el PAB incluyó la erradicación de las villas Nros.: 5, 6, 6 bis y 18 y se proyectaron en el período los conjuntos Lugano I y II (Gral. Savio I y II) y Ciudad Gral. Belgrano (en el partido de La Matanza), obras que se iniciaron recién en 1968.

El Conjunto Urbano General Savio fue construido en varias etapas entre 1968 y 1979, siendo la primera intervención de vivienda social que utiliza elementos prefabricados a escala masiva. Hoy cuenta con alrededor de 10.000 viviendas, en numerosos pabellones de gran altura y torres, con una calle peatonal elevada, independizada de la calle vehicular que atraviesa el conjunto. Cuenta con equipamiento completo e infraestructura, según los modelos europeos de *conjunto habitacional autosuficiente.*

En 1971, desde la jurisdicción nacional se transfirieron a la Ciudad de

3. Plan Director para Capital Federal y lineamientos para el Área Metropolitana 1958-65: Elaborado en las Oficinas del Plan Regulador de Buenos Aires (OPRBA) de la MCBA (Sarrailh, García Vázquez, Goldemberg, O. Suárez, Testa y Villa). Aprobado por Decreto en 1962.
4. La realización de las obras del PAB permitía capitalizar un importante préstamo del Banco Interamericano de Desarrollo (BID) enmarcado en la Alianza para el Progreso (Bouzas, 1985).

Buenos Aires 18 barrios y conjuntos construidos en períodos anteriores, para su posterior gestión operativa (Ley 18.943/71).

En 1974, luego de un nuevo cambio de gobierno, el *Plan* PEVE es reemplazado por el *Plan Alborada*, que mantiene en líneas generales sus características y marco de acción anterior, aunque planteando la "transformación" de las villas de emergencia en lugar de su "erradicación". Las obras comenzadas con estos dos planes, entre ellas los grandes conjuntos urbanos Soldati y Piedrabuena, fueron finalizados con fondos del FONAVI.

Una experiencia innovadora para la época, llevada a cabo en el ámbito del municipio de la ciudad de Buenos Aires, la constituyó la construcción del Barrio Justo Suárez, en el marco del *Plan Piloto de Realojamiento de Villa 7* (1974), fue desarrollado por un equipo de la CMV, contratado ad-hoc.

Esta experiencia plantea –por primera vez desde la acción oficial– la gestión participativa en la producción de viviendas. El programa y el proyecto fueron consensuados con los destinatarios y comprendía: 122 unidades de vivienda, una guardería infantil, y un local para usos múltiples. El partido arquitectónico se estructuró a partir de 5 tiras de PB y 2 ó 3 pisos altos, más una torre, con calles peatonales que recreaban los pasillos de la villa. La construcción fue en parte contratada con mano de obra de los mismos habitantes a través de su capacitación previa. Se instalaron talleres fuera de la obra donde se produjeron, los paneles de fachada. La fábrica se instaló en una vieja barraca municipal donde se produjeron 2.400 placas utilizadas en su totalidad en el cerramiento exterior de las cinco tiras de vivienda,[5] hasta buena parte del equipamiento interior de las viviendas realizado en madera.

1977-1991
Apogeo y declinación de los grandes conjuntos: el "departamento en propiedad horizontal"

En 1977, se reglamenta y pone en marcha el Fondo Nacional para la Vivienda (FONAVI), creado en 1972 mediante la Ley 19.929. Su objetivo es construir viviendas individuales y colectivas "exclusivamente

5. Estas placas estaban inspiradas en las tipo "BENO" producidas por el CEVE de Córdoba.

económicas" y "obras de urbanización necesarias". Este fondo introduce dos cuestiones fundamentales: la primera es la incorporación de fondos genuinos provenientes de un impuesto aplicado a los salarios; la segunda, es la estructuración del sistema a partir de la separación de roles: la Secretaría de Vivienda como responsable de las políticas para el sector, y los Institutos Provinciales de Vivienda como ejecutores de las mismas (la CMV es el organismo ejecutor en la Ciudad de Buenos Aires). La actuación del FONAVI llega hasta nuestros días, aunque modificando repetidamente su fuente de financiamiento y el tipo de producto entregado.

Entre tanto, la política del municipio durante el mismo período oscila entre planes con amplia participación de los villeros, como el Plan Piloto de Realojamiento de Villa 7, ya mencionado en el período anterior, y la erradicación sistemática hacia fuera de los límites de la ciudad, encarada por el municipio a fines de la década del '70.

El paradigma tipológico del período fueron los *grandes conjuntos*, pensados como pequeñas ciudades autosuficientes, de mayor densidad de población que su entorno, con equipamiento comunitario a gran escala, y de fuerte impacto en la trama y el perfil urbano. Se inspiraron en las *new towns* inglesas, en los *grandes ensembles* franceses, y en los modelos impulsados por el *Team x*, sustentados en la creación de espacios de encuentro social a distinta escala, y en los valores de identidad y vida urbana de los habitantes. En Buenos Aires, se localizaron en el área s/so de la ciudad, en los barrios de Mataderos, Lugano y Soldati. Las respuestas proyectuales dieron lugar a soluciones formales y funcionales novedosas. Sin embargo, el resultado no esperado, fue el de barrios desvinculados de su entorno, estigmatizados por sus habitantes y vecinos, y prematuramente deteriorados. A pesar de esta consecuencia no deseada "... *la producción del período merece ser rescatada como uno de los momentos más ricos de experimentación en vivienda masiva, y como el intento de producción de obras habitacionales mas complejas que registre la historia de los conjuntos habitacionales en la Argentina*" (BALLENT, 1997).

En 1984, se crea en el orden nacional la *Secretaría de Vivienda y Ordenamiento Ambiental* (SVOA), dependiente del Ministerio de Salud y Acción Social, que elabora un diagnóstico de la situación habitacional,

3. La vivienda social construida por el sector público en la Ciudad de Buenos Aires, 1907-2002

Año	Designación	Cantidad de viviendas
1978	Conjunto urbano Albarellos	193
1978	Conjunto urbano Soldati	3.200
1980	Conjunto urbano Pampa II	72
1981	Conjunto urbano Cmte.Piedrabuena	2.100
1983	Conjunto urbano Mariano Castex II	480
1984	Conjunto urbano Cardenal Copello	1.138
1984	Conjunto urbano Cmte. Espora	816
1988	Barrio Presidente Illia I y II	612
1988	Conjunto urbano Mascias	392
1989	Conjunto urbano Lafuente	402
1989	Conjunto urbano Cardenal Samoré	1.218
1990	Barrio Ramón Carrillo	700
1991	Cooperativa 6 de Julio (Boyacá)	55
1991	Cooperativa Amaui (Zanartu 1570)	153
1991	Cooperativa Cofar (C. Larralde)	44

como parte del Plan Nacional de Vivienda del nuevo gobierno democrático. Ese mismo año se transfiere la acción social del Banco Hipotecario Nacional al Ministerio de Economía de la Nación.

Como resultado de un proceso de auto-evaluación del FONAVI que se inicia entonces, una serie de resoluciones reglamentarias modifican notoriamente el panorama de planes y programas de vivienda implementados hasta ese momento, con su consiguiente impacto en las modalidades de intervención en la ciudad. En efecto, las resoluciones FONAVI 92/86 y 95/87 fijan un cupo del 10% anual para la realización de programas con cooperativas de vivienda, mientras que la resolución reglamentaria FONAVI 93/86, incorpora al Programa 029 de viviendas subsidiarias, el Programa de Viviendas Progresivas *diversificando la financiación del fondo como un aporte más a las diferentes necesidades de los sectores"* (Centro de Estudios del Hábitat y la Vivienda, 1988). En 1988, la resolución FONAVI 121 establece las categorías TM y TAB, con diferentes calidades de terminación, precios máximos, etc.; y en su artículo 2º, restringe a 250 la cantidad máxima de viviendas financiable por conjunto para ambas categorías, exigiendo también que cuenten con infraestructura completa. La apropiada decisión de limitar la cantidad máxima de viviendas por licitación fue posteriormente desvirtuada en muchos casos al concretarse los correspondientes llamados a concurso de empresas constructoras.

En 1991, en el orden nacional, el Decreto PEN N$^{\underline{o}}$ 1001, puso en venta los inmuebles y terrenos fiscales ociosos, planteando para aquellos que se encontraban habitados ilegalmente (villas y casas tomadas) la venta a sus ocupantes a través de créditos. Poco después se creó la Comisión de Tierras Fiscales (*Programa Arraigo*) dependiente de la Presidencia de la Nación, como organismo de aplicación de la Ley Nacional de Tierras (Ley 23.967), para el estudio y puesta en marcha de planes de regularización dominial. Una de sus primeras intervenciones fue la adjudicación de terrenos a los ocupantes de la Villa 31 de la ciudad.

Ese mismo año, la CMV con fondos FONAVI, inició una operatoria de *financiamiento compartido con Cooperativas*, aportando hasta un 90% de los costos de obra. Esta operatoria intentaba dar respuesta a sectores medios/medios bajos, con soluciones tipológicas similares a las del mercado inmobiliario (el típico departamento en propiedad horizontal). Como conclusión se verifica que en los primeros años de este período el *sector público* continuó construyendo conjuntos habitacionales de gran escala, pero a partir de los '80, las normas reglamentarias del FONAVI evolucionaron dando paso a nuevas formas de producir vivienda, implementándose categorías con diferentes niveles de terminación y precios máximos, y soluciones con menor impacto en el medio urbano a partir de una *estrategia de completamiento de vacíos urbanos*.

1992-2002
La arquitectura de la vivienda social a fines del siglo XX.
Nuevos modelos y soluciones habitacionales a sectores de menores recursos.

La cantidad de obras construidas en este período representa un volumen de viviendas menor que el de etapas anteriores y marca el profundo cambio en los modelos de intervención que se produce hacia fines del siglo XX.

En 1992, con la firma del Pacto Federal, se transfirieron los fondos FONA-VI en forma directa a las provincias, quedando a cargo de éstas y de los municipios la definición de los planes y programas a implementar. La descentralización co-participada de los fondos FONAVI, promovía un cambio de modelo para las prestaciones básicas del Estado *"... afianzando el creciente papel de los gobiernos provinciales y municipales en la atención de las demandas sociales de la población"* (Ley 24.130/92). En 1995, se reglamentó el Sistema Federal de la Vivienda (Ley 24.464), integrándolo al FONAVI, y consolidando el rol de los organismos provinciales y de la CMV como administradores y ejecutores de los fondos. En tanto el Consejo Nacional de la Vivienda se reservaba el papel de coordinador general del sistema, actuando a la vez como promotor y evaluador. La estabilidad monetaria lograda a mediados de los '90 abrió la posibilidad a nuevos mecanismos financieros para la construcción de vivienda, dirigidos a sectores con cierta capacidad de ahorro, como el *leasing*, el fideicomiso, las letras hipotecarias, etc. (Ley 24.441/95). De esta manera, la acción pública en el campo de la vivienda social se polarizaba, acompañando por un lado las reglas del mercado para los sectores de recursos medios, y por el otro, consolidando grandes bolsones de pobreza en los sectores más deteriorados de la ciudad, para la población de menores recursos.

Para este sector la situación era crítica. Su manifestación más visible era el renovado crecimiento de las villas de emergencia, que habían triplicado su población entre 1983 y 1995. La respuesta desde el sector público muestra a partir de los '90 una evolución hacia nuevas alternativas a la tradicional producción de viviendas *llave en mano*. Eran las denominadas *soluciones habitacionales*, entre las que se contaban la *vivienda semilla*,[6] la *autoconstrucción asistida*, la *rehabilitación de conventillos e inquilinatos*, junto a planes de *regularización dominial* en asentamientos precarios. A través de estas alternativas, los organismos nacionales y municipales intentaban revertir la tendencia histórica a la erradicación.

6. Un caso representativo es la construcción del Barrio Ramón Carrillo en 1990, a partir de la dotación de 700 unidades "semillas" destinadas al realojamiento del "Albergue Warnes".

Año	Designación	Cantidad de viviendas
1992	Barrio Lugano (ex Villa 20)	53
1992	Conjunto Urbano Consorcio XVI	240
1992	Cooperativa Grand Bourg (Guardia Nac.)	108
1992	Cooperativa Hogar I y II	132
1992	Cooperativa Poder Legislativo I	77
1992	Cooperativa Techos (Plaza)	80
1992	Conjunto Urbano Gral. Savio III	1.496
1993	Cooperativa Covitur (J. Bonifacio)	87
1993	Cooperativa Poder Legislativo II	95
1994	Barrio Cildañez (ex Villa 6)	128
1995	Conjunto urbano Floresta	102
1996	Conjunto urbano Rivadavia II	456
1996	Cooperativa 6 de Julio (J. Bonifacio)	44
1996	Cooperativa Codepro	49
1996	Donizetti y Rivadavia	428
1996	Cooperativa Villa Luro	38
1997	Cooperativa Mutual Subterráneos I	70
1997	Cooperativa Mutual Subterráneos II	70
1997	Cooperativa Gral. Mosconi I	99
1997	Cooperativa Gral. Mosconi II	63
1997	Cooperativa Reconstrucción Municipal	71
1997	Cooperativa Grand Bourg (Avellaneda)	44
1997	Cooperativa Grand Bourg (Gaona)	48
1997	Cooperativa Mayo	48
1997	Cooperativa Grand Bourg (Cucha Cucha)	16
1999	Irala Parcela 5	58
1999	Irala Parcela 6	82
1999	Irala Parcela 3	57
1999	Irala Parcela 2	66
1999	Irala Parcela 4	80
1999	Irala Parcela 1	66
1999	R. Indarte Sector 2 Edificio 1	31
1999	R. Indarte Sector 2 Edificio 2	33
1999	R. Indarte Sector 1 Edificio 3	31
1999	Cooperativa Amaui, Bilbao 2329	40
2000	Irala Parcela 7	57
2000	Acoyte 543/45/47 (Ex IMPS 1)	32
2000	Acoyte 593/5/7 (Ex IMPS 2)	26
2000	Cooperativa Poder Legislativo III	52
2000	Cooperativa Poder Legislativo IV	62
2000	Palos 460	31
2000	Brandsen 626	12
2000	Barrio Lugano (Villa 20 - Mz 11S)	74
2000	Barrio Lugano (Villa 20 - Mz 11Q)	70

3. La vivienda social construida por el sector público en la Ciudad de Buenos Aires, 1907-2002

Año	Designación	Cantidad de viviendas
2001	Cooperativa 6 de Julio Ltda., Varela 655	38
2001	Brandsen 660	29
2001	Suárez 515	23
2001	Barrio Flores Sur (Villa 1/11/14 - Mz.2 Q)	40
2001	Barrio Cildañez (Villa 6 - Mz.102M - Parc. 1-2-3-4-5-8-9-10)	52
2002	Av. Alte. Brown 918/34	58
2002	Cooperativa Unión Justicia Nación, Cnel. Falcón 3999	29
2002	Av. Directorio 3935	44
2002	Moreno 2576/82	50
2002	Barrio Flores Sur (Villa 1/11/14 - Mz.2 L - Parc. 3 a Parc. 9)	260
2002	Barrio Flores Sur (Villa 1/11/14 - Mz.2 R - Parc. 1 a 5)	182
2002	Barrio Flores Sur (Villa 1/11/14 - Sector Bonorino - Parc. 5B)	96

Obras iniciadas hasta el 2002 y finalizadas con posterioridad:

2003	Moreno 2576/82	50
2004	Cnel. Salvadores 757	41
2005	Oliden 434/450	68
2005	Av. Directorio 3325/55	47
2005	Albariño 41/65	70
2005	Albariño 91	47

Es a partir de 1996, coincidentemente con el cambio de *status jurídico* de la Ciudad Autónoma de Buenos Aires, que se profundiza este paulatino cambio de rumbo en las políticas de la CMV (autarquía administrativa para el uso de los fondos). El cambio se expresa en una apertura de acciones que, dirigidas a atender a los distintos sectores demandantes, da un mayor impulso a aquéllas destinadas a los sectores de más bajos recursos, sectores que son atendidos por *programas especiales*.

Otra característica de la nueva orientación está relacionada, no sólo con el sector de población atendido, sino también con la modalidad de intervención, al conjugar la construcción, ampliación o renovación de viviendas, con políticas de trabajo y empleo de mano de obra desocupada, promoviendo tanto la *participación* de los usuarios como la *autogestión* del hábitat.

Entre los nuevos programas que implementa la cmv en este período figura el destinado a la *rehabilitación* y *mantenimiento* de los grandes conjuntos habitacionales construidos en los años '70 (Ley Municipal 177/99), los que a la fecha se encontraban aún parcialmente en propiedad del municipio por no haberse escriturado la totalidad de las viviendas. La incorporación institucional de este programa entre las acciones que lleva adelante la cmv implica el reconocimiento de una problemática que hasta ahora no había sido atendida. Este programa se proponía dar solución a los barrios –construidos o en parte administrados por la cmv– que se encontraban en franco deterioro, con consorcios con problemas de funcionamiento y alto porcentaje de morosidad.

Otros programas que se pusieron en marcha entonces, fueron el de *Recuperación de la traza de la ex Autopista 3 (AU3)*, y el de *Autogestión y Emergencia Habitacional* (Ley 341/00). Este último, intenta no sólo satisfacer la demanda de "servicios habitacionales", sino también, promover la capacidad de gestión de las familias agrupadas en organizaciones civiles.

Las operatorias de acción directa de la cmv encaradas en el período fueron:

- *FONAVI Tradicional;*
- *FONAVI Cofinanciado;*
- *Relocalización de Villas;*
- *Renovación de Conventillos de La Boca; y por último,*
- *Acciones puntuales no encuadradas en ningún tipo de programa u operatoria formal.*

Son cuatro los aspectos que diferenciaban a estas operatorias:

- *el nivel socio-económico del sector destinatario;*
- *los instrumentos de financiamiento;*
- *las tipologías urbano-arquitectónicas de las obras encaradas, y,*
- *los tipos de gestión –con mayor o menor participación de los destinatarios– que se instrumentan en la etapa anterior a la entrega de las viviendas.*

De acuerdo con ello, es posible agrupar a las operatorias de este último período considerado en dos grandes líneas o *modalidades de intervención* (BOSELLI, T., 2005):

1) *Programas FONAVI (Tradicional y Cofinanciado)*, destinados a sectores de recursos medios o medio-bajos, con alguna capacidad de ahorro; pero a los que, o no les alcanzaba para pagar una cuota, o no eran aceptados como sujetos de crédito por el sector privado. Para esta modalidad el subsidio se materializaba a través de un mecanismo de financiamiento de tipo *blando* (con reintegro de créditos a largo plazo y bajo porcentaje de amortización). Los *beneficiarios* se inscribían en un registro de postulantes, y podían elegir entre distintas alternativas incluyendo el emplazamiento de las viviendas y las características edilicias. En general se trataba de *edificios de vivienda colectiva en altura*, con ascensor, de perímetro libre o entre medianeras, y, en particular, en el caso de las operatorias cofinanciadas, se implantaban en lotes urbanos tradicionales.

2) *Programas Especiales (incluyen a los de Villas y Conventillos)*, implementados mayoritariamente mediante modalidades de gestión *participativa o autogestión*, estaban dirigidos a la renovación y/o recuperación de áreas degradadas de la ciudad, la rehabilitación de conjuntos de vivienda, la radicación o realojamiento de población asentada en *villas de emergencia o conventillos*, etc.

Las operatorias de estos programas, iban desde la regularización dominial o la apertura de calles, hasta la construcción de vivienda nueva, individual o colectiva, con la participación de empresas o por autoconstrucción asistida. El financiamiento se concretaba sólo en parte con fondos FONAVI, lo que permitía una mayor flexibilidad en el mecanismo de reintegro de créditos y asimismo un nivel más alto de subsidio (cercano al 70% del costo total de la vivienda). Las tipologías adoptadas para el caso de las viviendas colectivas nuevas, eran *tiras o pabellones de planta baja y 2 ó 3 pisos de altura*. La implantación en todos los casos se concretaba en la zona sur de la ciudad. En relación a los resultados del FONAVI, a nivel de país, según detalla Carlos Pisoni, desde su creación en 1977 al presente, la inversión ascendió a

21.072 mil de millones de dólares para la construcción de 826 mil viviendas, 33.040 viviendas promedio por año a un costo de 25.510 dólares por unidad. Es importante señalar que del total de viviendas construido solamente se han escriturado 285.000, que representa el 34,5% del total, faltando escriturar 541.000, valores que determinan una cartera no utilizada de escrituras por un valor de 10.820 millones de dólares en el presente considerando un costo bajo de reposición promedio por unidad de 20.000 de dólares. Además de los recortes sufridos por el sistema, el mismo actúa pasivamente frente a la morosidad, el mecanismo aplicado es ineficiente e inequitativo. Ineficiente porque no se conoce el % que se subsidia, dado que se incorpora en el valor total de la unidad el monto del crédito que el deudor no devuelve, sumado a lo cuál se consumen gastos administrativos. Inequitativo en razón de que a mayor deuda mayor beneficio, dado que se endeudan en mayor grado las familias que poseen mayores recursos, por lo cuál el FONAVI revela una política que subsidia en mayor grado a los sectores con mayor capacidad de endeudamiento (PISONI, C., 2002).

En diciembre de 2003, a través de la ley 1251 se modifica la normativa de la CMV, que pasa a denominarse *Instituto de Vivienda de la Ciudad Autónoma de Buenos Aires* (IVC), a fin de adecuarla a la Constitución y Leyes de la Ciudad Autónoma de Buenos Aires. De este modo, el organismo se constituye en el órgano de aplicación de las políticas de vivienda del Gobierno de la Ciudad Autónoma de Buenos Aires. El IVC es continuador jurídico de la Comisión Municipal de la Vivienda y mantiene la autarquía administrativa y financiera.

Una reciente iniciativa del municipio, procura mejorar las condiciones del parque habitacional deteriorado de la Ciudad Autónoma de Buenos Aires. El Programa consiste en el financiamiento a través de un *crédito destinado a la refacción y/o reacondicionamiento de viviendas deterioradas*, con una antigüedad mayor a los 30 años, y otorgable a familias propietarias de vivienda única y que por razones económicas no pueden realizar el mantenimiento de sus viviendas. Se instala a partir de este programa una alternativa hasta ahora no implementada por el sector público y, si bien se trata de créditos de muy bajo monto, será oportuno evaluar en el tiempo en qué medida el mismo favoreció al mejoramiento y conservación del parque habitacional social de nuestra ciudad.

3.2. Inventario de las intervenciones realizadas por el sector público en la Ciudad de Buenos Aires, 1907-2002. Análisis cualitativo y cuantitativo.

El parque habitacional social (phs) de la Ciudad de Buenos Aires suma a lo largo del último siglo 120 intervenciones de *acción directa* del sector público, que suman 43.514 viviendas construidas.

Resumen de datos del Inventario de la Vivienda Social
Sector Público - Buenos Aires, 1907- 2002

Cantidad de Intervenciones	120 intervenciones
Viviendas construidas	43.697 viviendas
Población alojada	211.985 habitantes
Período con mayor cantidad de viviendas construidas	1967-1983. Resultado mayoritariamente de planes masivos de vivienda como el PEVE, Alborada y FONAVI
Período con mayor número de intervenciones	1993-2002. Coincide con una menor cantidad de viviendas construidas, un promedio bajo de cantidad de viviendas por intervención y una duplicación de la densidad de habitantes
Localización	90% de las viviendas se localiza al sur de la Av. Rivadavia
Edad	79% de las viviendas tiene una antigüedad menor a los 50 años

El Inventario realizado por el pmh,[7] registra estas intervenciones de vivienda social consignando información que permite su identificación y caracterización según ubicación, antigüedad, escala, cantidad de viviendas, tipología urbano-arquitectónica y sistema constructivo.

7. El "Inventario de la vivienda social de la Ciudad de Buenos Aires, 1907-2002", es una de las líneas de investigación que lleva adelante el Programa de Mantenimiento Habitacional de la FADU, en el marco de los proyectos sobre "La calidad de la vivienda social" UBACYT A 040, A 036 y A 044 (Programaciones Científicas de la Universidad de Buenos Aires 1998 a 2007), bajo la dirección de Renée Dunowicz y la codirección de Teresa Boselli.

Tabla 1. Vivienda construida en la ciudad de Buenos Aires según períodos

Períodos	Cantidad de intervenciones	Viviendas construidas	Promedio de viviendas construidas por intervención	Promedio de viviendas construidas por año	Densidad promedio (hab x Ha)	Localización	
						norte	sur
1907-1945	19	6.339	335	171	572	1.475	4.864
1945-1955	8	5.148	643	515	352	1.604	3.544
1955-1967	8	6.466	808	539	675	420	6.046
1967-1983	10	13.656	1.365	910	918	441	13.215
1984-1991	17	7.716	454	857	1.118	311	7.405
1992-2002	58	4.353	75	435	1.846	323	4.030
Totales	**120**	**43.678**				**4.574**	**39.104**

Figura 1. Cantidad de viviendas construidas según décadas

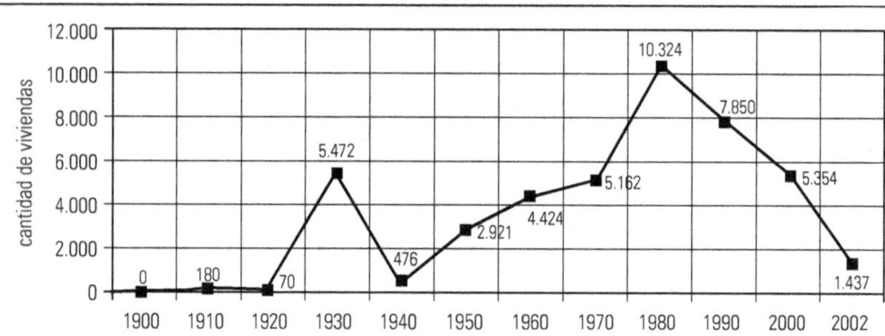

Cuadro: Vivienda construida por acción directa del sector público, 1900-2002. Fuente: PMH. Elaboración T. Boselli.

El cuadro refleja los cambios de escala y variación de algunos indicadores vinculados a los diferentes modelos de intervención y tipologías urbano-arquitectónicas, implementados por el sector público a lo largo del último siglo cuando se los analiza por períodos acotados (Tabla 1). Entre los períodos considerados, se destaca el transcurrido entre *1967-1983*, que concentra la mayor *cantidad de viviendas* concretadas a partir de *escasas intervenciones, densidades de población medias-altas* y el *mayor promedio de viviendas construidas por año* (Figura 1).

Figura 2. Densidad promedio (hab/Ha) según períodos

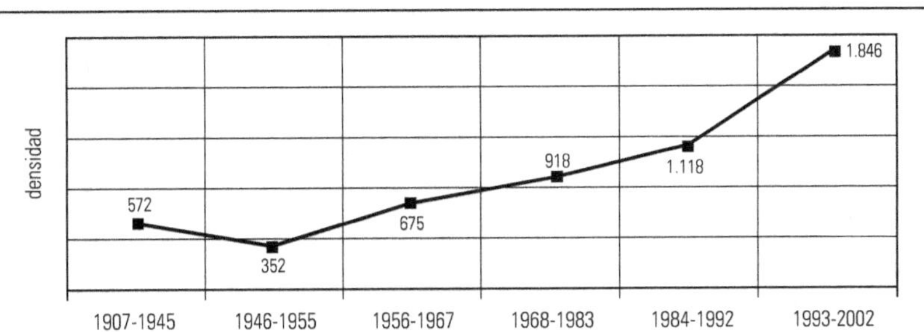

Figura 3. Antigüedad del Parque Habitacional Social

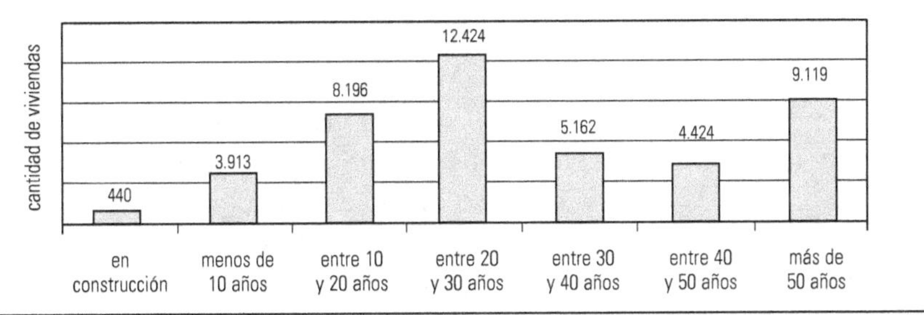

En el último período, *1993-2002*, se invierte esta relación con un *mayor número de intervenciones*, un *promedio bajo de cantidad de viviendas por intervención*, y, una *duplicación de la densidad* de habitantes por parcela o lote (Figura 2).

Pese a que no se verifica una relación directa entre la antigüedad de los edificios y su estado técnicoconstructivo, la consideración de su *edad* es un dato relevante a la hora de evaluar su desempeño y de definir las estrategias de rehabilitación y mantenimiento a implementar. Del Inventario surge que el *79% del PHS tiene una antigüedad menor a los 50 años* (Figura 3).

Figura 4. Localización de las viviendas con relación a la Av. Rivadavia

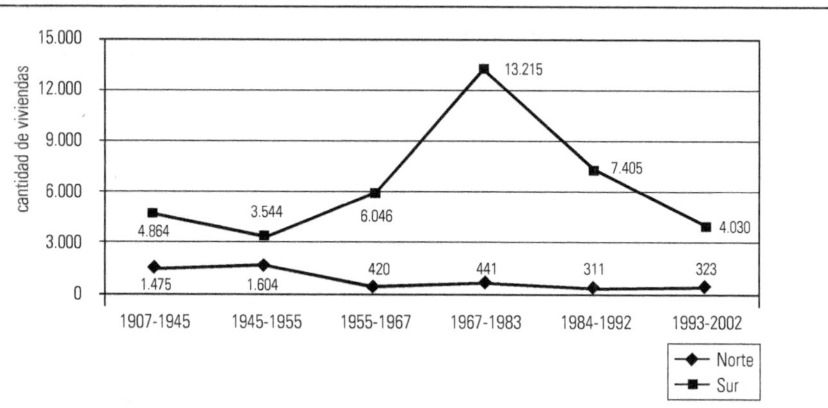

Por otra parte, se observa que el *90% de las viviendas se localiza al sur de la Av. Rivadavia*, verificándose esta elevada proporción como tendencia en los últimos períodos considerados (Figura 4).

Entre 1907 y 1945, los barrios de vivienda individual se ubicaron expandiendo la ciudad hacia zonas despobladas y alejadas del centro, cercanas a los medios de transporte, principalmente a lo largo del eje de Av. Rivadavia y al sur del mismo.

Por su parte, la vivienda multifamiliar (cuya tipología más representativa a principios del siglo xx fue la "casa colectiva"), fue encarada por la acción nacional (en lo que respecta a lo construido a través del sector público), localizándose en áreas con tejido urbano consolidado, principalmente en lotes del centro y zona sur de la ciudad.

Durante el período 1946-1955, los barrios de vivienda –individual y/o colectiva– que se complementaban con amplias áreas verdes, se implantaron en vacíos urbanos que habían quedado luego del crecimiento de la ciudad, y en las cercanías de importantes polos industriales. Por otra parte, se trataba, en general, de las zonas más deprimidas de la ciudad, y de situación socioeconómica más desfavorable de sus habitantes.

Tipologías de vivienda

A partir de la aplicación de la Ley 13.512/48, se verifica un amplio predominio de las soluciones de vivienda colectiva (90%) respecto a la de barrios de vivienda individual.
El análisis de las distintos planes y operatorias con aplicación en la Ciudad de Buenos Aires presenta soluciones tipológicas representativas de los mismos.

Tabla 2. Tipología de vivienda construida 1907-2002

1907-2002	Intervenciones	Viviendas	%
Total construido	**120**	**43.678**	**100%**
Viviendas construidas antes de la aplicación de la ley 13512 de PH	21	6.624	15%
Viviendas construidas a partir de la aplicación de la ley 13512 de PH	**Intervenciones**	**Intervenciones**	%
Totales	**99**	**37.054**	**100%**
Vivienda individual	8	3.793	10%
Vivienda colectiva	91	33.261	90%

Tabla 3. Tipologías edilicias de la vivienda colectiva construida
en la Ciudad de Buenos Aires posteriormente a la sanción de la Ley 13512/48.

	Intervenciones	Viviendas	%
Vivienda colectiva de PB y hasta 3 pisos (sin ascensor)	21	5.163	16%
Edificio de vivienda colectiva en altura sobre lote propio	48	3.202	10%
Conjunto de edificios de vivienda colectiva en altura sobre lote único	22	24.896	74%

Planes y operatorias

Tabla 4. Planes y operatorias de acción directa implementadas 1907-2002

Periodo de ejecución(*)	Planes y operatorias	Jurisdicción		Tipologías urbano-arquitectónicas predominantes	Vivienda construida
		Nacional	Municipal		
1907-1943	Comisión nacional de casas baratas	X		Barrios de vivienda individual y casas colectivas	1.195
1923-1927	Compañía de construcciones modernas		X	Barrios de vivienda individual	4.990
1928-1958	Operatorias municipales puntuales (anteriores a la CMV)		X	Tipologías variadas	718
1948-1950	Plan Eva Perón		X	Edificios en tira, de perímetro libre, de PB y 3 pisos altos	2.312
1949-1954	Plan Eva Perón	X		Barrios vivienda individual y edificios tipo pabellón en altura	2.836
1956-1957	Plan de acción inmediata	X		Barrios de vivienda individual	1.492
1965-1967	Plan municipal de la vivienda		X	Edificios en altura, pabellones o tiras articuladas	4.410
1969-1996	Operatorias municipales puntuales		X	Tipologías variadas	1.858
1973-1992	Desarrollo urbano del Parque Almirante Brown		X	Mixta / edificios en altura y pabellones articulados	7.936
1975-1981	Plan de erradicación de villas de emergencia (PEVE) y plan alborada	X		Mixta / edificios en altura y pabellones o tiras articuladas	5.786
1977-2002	Fonavi tradicional		X	Edificio en altura, entre medianeras o de perímetro libre	6.876
1991-2000	Fonavi cofinanciado con cooperativas		X	Edificio en altura, entre medianeras o de perímetro libre	1.645
2000-2002	Terreno, proyecto y construcción		X	Edificio en altura, entre medianeras o de perímetro libre	659
2000-2002	Nuevas urbanizaciones (realojamiento de habitantes de Villas)		X	Edificios en tira, de perímetro semi-libre, de PB + 2 ó 3 pisos altos	870
2000-2002	Renovación de conventillos de la Boca		X	Edificio de PB + 3 pisos altos, tipo pabellón conformando patios	95

Figura 5. Viviendas construidas por operatoria

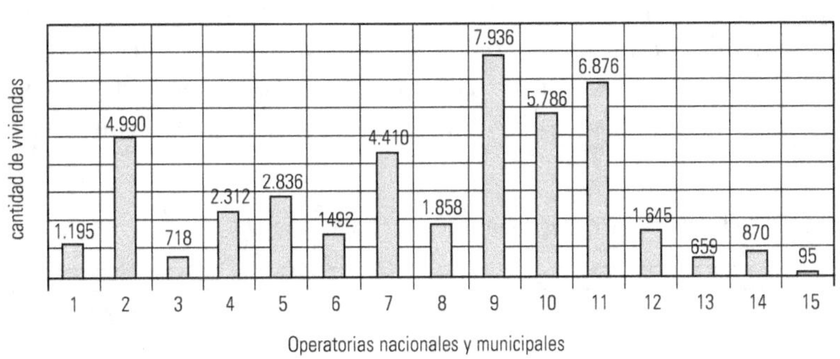

Referencias (figuras 5, 6 y 7)

1. Comisión Nacional de Casas Baratas
2. Contrato con la Compañía de Construcciones Modernas
3. Operatorias municipales puntuales (anteriores a la creación de la CMV)
4. Plan Eva Perón
5. Plan Eva Perón
6. Plan de Acción Inmediata
7. Plan Municipal de la Vivienda
8. Operatorias municipales puntuales
9. Desarrollo urbano del Parque Almirante Brown
10. Plan de Erradicación de Villas de Emergencia (PEVE) y Plan Alborada
11. FONAVI tradicional
12. FONAVI cofinanciado con cooperativas
13. Terreno, proyecto y construcción (continuación del FONAVI cofinanciado)
14. Nuevas Urbanizaciones (realojamiento de habitantes de Villas)
15. Renovación de conventillos de La Boca

El *Plan de Desarrollo Urbano del Parque Almirante Brown* (1973-1992) ha sido la operatoria más ambiciosa llevada a cabo por el sector público en la CBA. Supera en *cantidad total de viviendas construidas* y cantidad de viviendas por intervención a cualquiera de las otras desarrolladas a lo largo del último siglo. Por su escala y tipología de *gran conjunto habitacional* tiene gran visibilidad e impacto en el área en que se localiza. Pese a su dimensión, la organización administrativa prevista desde su programación, por *consorcios sectoriales*, permite implementar una gestión razonable y una adecuada resolución de conflictos que se observan en muchos de los grandes conjuntos construidos en la época, pero resueltos como consorcios únicos (Figura 5).

Siguen a esta intervención, en cantidad de viviendas construidas, las operatorias *FONAVI tradicional*, que actualmente siguen en vigencia representando una fuente de recursos genuinos para la construcción de viviendas para sectores de medio y bajos recursos.

La más alta *densidad* promedio (hab/Ha) la marcan las operatorias *Terreno, Proyecto y Construcción*, con cifras que alcanzan en algún caso a los casi 4 mil habitantes por hectárea (Figura 6). La tipología responde al típico departamento en propiedad horizontal entre medianeras o de perímetro libre.

Figura 6. Densidad promedio de las intervenciones según operatoria

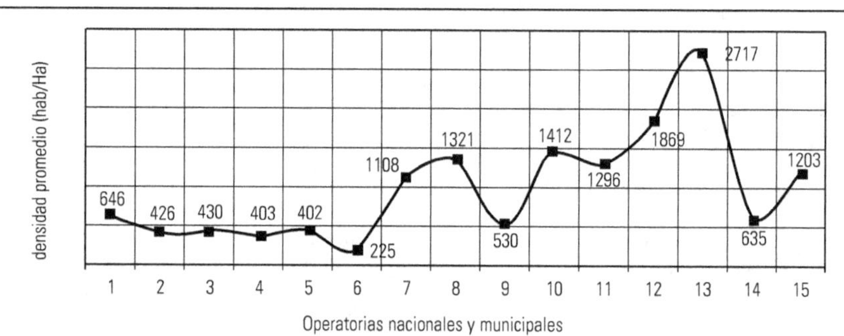

Nuevamente el Plan de Desarrollo del **PAB** y el **PEVE** representan el pico nivel más alto en cuanto a promedio de viviendas por intervención (Figura 7).

Figura 7. Cantidad promedio de viviendas por intervención

4. Diagnóstico sobre el desempeño del parque habitacional construido por el sector público en la Ciudad de Buenos Aires

Hemos mencionados en este capítulo numerosos ejemplos de intervenciones del sector público en nuestra ciudad, con variados niveles de calidad y de aceptación por parte de los habitantes. Los estudios sobre el *desempeño edilicio* realizados sobre este universo dieron como resultado que una porción importante de viviendas presentaba hoy un estado poco satisfactorio, llegando en casos puntuales a representar un riesgo para la seguridad física de sus habitantes.

En este capítulo se presentan dos tipos de abordaje que hemos utilizado para encarar el diagnóstico sobre el desempeño del parque habitacional social. El primero enfoca la *evaluación global* del estado técnico-constructivo de las viviendas construidas entre 1907-1997. El segundo, profundiza el *análisis sobre casos específicos* seleccionados del universo de las intervenciones y viviendas construidas entre 1967-1997, entendiendo que la antigüedad de este conjunto de obras (entre 10 y 40 años) tiene mayor interés a los fines de evaluar su desempeño y definir estrategias para implementar los trabajos de rehabilitación que en algunos casos se requieren.

4.1. Evaluación global del estado técnico-constructivo de las viviendas construidas durante el período 1907-1997

La evaluación global realizada por el PMH en el año 2000[8], se aplicó al

8. Los datos sobre el estado de los edificios y conjuntos fueron relevados entre 1998 y 1999, en

total de las 80 intervenciones del sector público en la Ciudad de Bue-
nos Aires, realizadas durante el período 1907-1997, abarcando un uni-
verso de 41.307 unidades de vivienda, cantidad que representa un 95%
sobre el total del parque habitacional social construido en nuestra ciudad
en dicho período.[9]

El análisis consistió en medir los desajustes producidos entre las condiciones relevadas y los requisitos exigidos por la *Norma iso 6241 de*
performance de la edificación, adoptada como norma de referencia. Los
indicadores de desempeño utilizados se organizaron según las principales exigencias establecidas en la misma:

* *seguridad (estabilidad estructural, contra incendio y contra ter-*
ceros).
* *habitabilidad (confort acústico, higrotérmico, y estanqueidad).*
* *durabilidad y economía.*

La evaluación del estado físico se realizó a partir del análisis de 4
rubros que, entre otros, conforman las edificaciones:

* *Estructura portante*
* *Fachadas*
* *Techos*
* *Carpinterías*

Las patologías relevadas fueron analizadas y registradas según la *gra-*
vedad y extensión. La calificación asignada en cada caso se relaciona
con los diferentes grados de intervención requeridos para restablecer
el estado inicial de los edificios y viviendas y/o adecuarlos, de ser
necesario, a lo que indican las normas. Cada rubro, en cada una de las
80 intervenciones evaluadas, fue calificado según lo antedicho en los
siguientes niveles:

el marco de investigaciones financiadas por la Universidad de Buenos Aires (UBACYT 1995-1997
y 1998-2000).
9. Las viviendas construidas entre 1998 y 2002, no participaron de este análisis por no tener la
suficiente antigüedad como para calificar su desempeño a través del uso.

Tabla 5. Estado técnico-constructivo actual

Estado	Muy bueno		Bueno		Regular		Malo		A verificar	
Rubro	Viviendas	%	Viviendas	%	Viviendas	%	Viviendas	%	Viviendas	%
Estructura	13.109	32	13.109	32	13.109	32	13.109	32	13.109	32
Fachadas	6.182	15	6.182	15	6.182	15	6.182	15	6.182	15
Carpintería	5.981	14	5.981	14	5.981	14	5.981	14	5.981	14
Techos	2.235	5	2.235	5	2.235	5	2.235	5	2.235	5

- *Muy bueno:* el mantenimiento es correcto.
- *Bueno:* debe efectuarse mantenimiento preventivo.
- *Regular:* debe efectuarse mantenimiento correctivo.
- *Malo:* deben efectuarse acciones de reparación y/ o rehabilitación.

El *estado actual* del parque indica el estado promedio de los edificios de cada tipología analizada. Los datos incluidos en el cuadro de evaluación por rubro se obtuvieron a partir de la metodología descripta y de estudios particularizados realizados por especialistas que amplían y profundizan la evaluación en cada caso. La Tabla 5 resume los resultados y porcentajes correspondientes a las *41.307 unidades de vivienda (80 intervenciones) realizadas por el sector público entre 1907-1997* en la Ciudad de Buenos Aires.

Estos resultados muestran que los problemas de fachadas y de carpinterías son los que afectan a la mayor cantidad de viviendas. La estructura por su parte, representa porcentajes menores en cuanto a cantidad relevada, pero obviamente la gravedad de un fallo en este rubro adquiere relevancia por el riesgo físico que puede implicar (Figura 8). Las *fachadas* materializadas con paneles prefabricados presentan graves problemas de infiltración de agua por las juntas, afectando la durabilidad de los paneles y las condiciones de habitabilidad de las viviendas. En las fachadas construidas en mampostería, las fallas más

Figura 8. Hierros a la vista. Barrio Justo Suárez. Fuente: archivo PMH, 1994.

Figura 9. Infiltración de agua por juntas entre paneles pre-fabricados. Conjunto Urbano Piedrabuena. Fuente: archivo PMH. 1994.

generalizadas son las fisuras que interesan al revoque y a veces a la aislación hidrófuga (Figura 9).

Las *carpinterías* analizadas presentan defectos de diversa índole, en muchos casos simultáneos: infiltraciones de agua, de aire, corrosión. Son el resultado de errores de diseño, como cajas de desagote de agua insuficientes, uso de perfiles inapropiados a los requerimientos mecánicos, utilización de incorrectos sistemas de fijación a la obra gruesa y fallas de colocación. El uso generalizado de carpinterías *standard* y la incorporación de nuevos materiales en su fabricación obliga a regular el diseño de las carpinterías, sus partes componentes y su colocación.

Otro de los problemas detectados es la *infiltración de agua por los techos*. Las causas son variadas: desde techado en mal estado y cubiertas mal diseñadas, hasta defectos de colocación. En algunos casos, confluyen los *defectos de cubiertas con fallas en el coronamiento* de los edificios, lo que permite la entrada de agua por debajo de la membrana impermeabilizante. En general, la causa es el mal diseño de detalle, junto al deterioro por falta de mantenimiento y/o sustitución al término de su vida útil.

En lo que respecta a la *estructura*, si bien el estado es mayoritariamente bueno, se observó en varios casos una deficiente ejecución del hormigón estructural a la vista, es decir, cuando se utiliza expuesto a las condiciones del ambiente. Esto sucede por no ejecutarse el revestimiento de recubrimiento exterior de los hierros de un espesor mínimo de 25 mm y con una mezcla con las características de densidad reglamentarias y con la compactación requerida. Esta situación origina, en algunos casos, una extendida corrosión de las armaduras con serios compromisos estructurales que pueden significar un grave riesgo para los ocupantes de las viviendas (Tabla 6).

Con el objeto de obtener un *panorama global* sobre el estado del parque habitacional social, se definieron tres *categorías* en las que encuadrar el estado técnico constructivo general de las obras analizadas, partiendo de las calificaciones obtenidas en los distintos rubros, no realizando un promedio *de las mismas* sino aplicando criterios de ponderación en función de que las fallas afectaran la estructura y/o envolventes, poniendo en grave riesgo *la salud y/o la seguridad* de los edificios y de sus ocupantes.

Tabla 6. Síntesis de síntomas y lesiones frecuentes según causa probable y etapa de origen

Rubro	Síntomas o lesiones característicos	Causa probable según etapa de origen		
		Proyecto: licitación y documentación de obra	Ejecución	Conservación: uso y mantenimiento
Estructura	Marcado de armaduras en hormigón colado in situ y marcado de mallas en elementos prefabricados. Hierros a la vista.	Especificaciones técnicas insuficientes sobre recubrimiento mínimo de las armaduras y resistencia del hormigón visto.	Incumplimiento de normas. Insuficiente recubrimiento de armaduras, y oquedades en las caras externas.	Falta de renovación de pinturas protectoras de hormigón visto. Pérdida de humedad sin reparar. Roturas para fijar elementos.
Techos	Infiltración de agua por membranas o por fisuras de coronamiento.	Especificaciones técnicas insuficientes en diseño de detalles constructivos.	Incumplimiento de normas técnicas o de pliegos: pendientes, incorrectas, solape suficiente.	Mal uso: perforación o interrupción de la capa aisladora. Reparaciones incorrectas.
Envolvente vertical	Infiltración de agua por juntas en sistemas constructivos no tradicionales.	Incorrecto diseño de juntas de estanqueidad al agua.	Superación de la tolerancia proyectada en el montaje.	Reparaciones o sustituciones incorrectas.
	Desprendimiento de revoques.		Mala dosificación del revoque, o cales de mala calidad.	
	Fisuración en forma de retícula o "mapeo".		Mala dosificación del revoque, o cales de mala calidad.	Reparaciones superficiales incorrectas.
	Fisuras de coronamiento o a la altura de dinteles.	Ausencia o incorrecto diseño de juntas de trabajo.	Falta de rigidez de losas y dinteles o ausencia de la junta de trabajo.	
Carpintería	Infiltraciones de agua y aire.	Cajas de agua insuficientes perfiles que no absorben los esfuerzos mecánicos. Sistemas incorrectos de fijación al paramento.	Ajuste deficiente.	Falta de mantenimiento de los orificios para el desagote.
	Chorreaduras en antepechos.	Apertura incorrecta de la hoja.		Falta de pintura periódica
	Corrosión de elementos metálicos.		Recubrimiento anticorrosivo deficiente.	
	Deformaciones.	Especificaciones técnicas insuficientes de resistencia y deformabilidad.	Falta de escuadría, soldaduras deficientes o perfiles insuficientes.	
Seguridad contra incendio	A nivel de *conjunto*: Imposibilidad de acceso de autobombas y bocas de incendio inaccesibles.	Sin normas al momento de la licitación o incumplimiento de normas vigentes.		Bocas de incendio rotas u ocultas.
	En *edificios*: medios de salida inadecuados e insuficientes matafuegos, o fuera de servicio.	Falta de normas adecuadas en el momento de la licitación o incumplimiento de normas vigentes.		Robo, daño, inaccesibilidad o falta de recarga de matafuegos.
	Obstrucción de los medios de salida.			Cerramiento de pasillos y de plantas bajas.

Figura 10. Categorías de evaluación global

Estado técnico-constructivo	Cantidad de viviendas	%
Satisfactorio	22.999	56%
Regular	10.869	26%
Insatisfactorio	7.439	18%
Total viviendas	**41.307**	**100%**

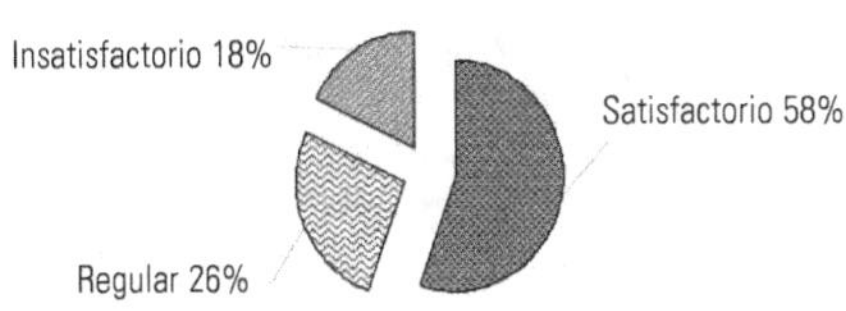

Las categorías fueron así definidas:

• *Satisfactorio:* edificios sin fallas importantes que afecten la seguridad física de sus habitantes, ni la habitabilidad mínima y durabilidad de las viviendas. La recomendación es continuar con las acciones de mantenimiento rutinario usuales.

• *Regular:* edificios en los que se observaron fallas que afectan parcialmente las condiciones de habitabilidad, pero que no representan riesgo inmediato para la seguridad física de sus habitantes. La recomendación en estos casos es continuar con las acciones de mantenimiento rutinario usuales y emprender las acciones de mantenimiento correctivo de las patologías relevadas en algunos rubros.

• *Insatisfactorio:* edificios que presentan fallas graves en piezas estructurales o patologías muy extendidas en fachadas y techos de los edificios, que ponen en riesgo la salud y la seguridad de las personas que los habitan. La recomendación en estos casos es realizar urgentemente las acciones de rehabilitación que permitan restablecer las condiciones de habitabilidad y seguridad requeridas por la Norma ISO 6241.

De la categorización de las 80 intervenciones y del procesamiento de los resultados, se obtuvieron los siguientes porcentajes sobre el *estado general* del parque habitacional social construido entre 1907-1997. (Figura 10): Los edificios y conjuntos urbanos cuyo estado técnico-constructivo fue categorizado como *"insatisfactorio"* e integran este 18% de la Figura, reúnen las siguientes características:

- *antigüedad:* entre 20 y 30 años (a la fecha del estudio, 1998-1999);
- *tipología urbano-arquitectónica:* el 71% corresponde a *gran conjunto habitacional;*
- *densidad (hab/Ha):* el 73% tiene densidad de nivel medio-alto;
- *sistema constructivo:* tradicional racionalizado (50%) y prefabricación abierta (29%);
- *localización:* el 96% se ubica en la zona sur de la ciudad en coincidencia con el área con mayores niveles de NBI (Necesidades Básicas Insatisfechas) según el Censo 2001.

El INDEC define al NBI como un indicador de hogares con pobreza estructural. Distingue también las necesidades que se consideran básicas y señala hogares en los cuales su situación no está dada por una circunstancia coyuntural, sino que deviene de una historia de pobreza. *"Sobresale así, la zona Sur, como una zona empobrecida dentro del contexto de la Ciudad"* (ÁLVAREZ DE CELIS, 2003).

Estos son algunos de los aspectos analizados y revelan la necesidad de precisar los contenidos básicos de los proyectos de vivienda social, determinar la oportunidad y las características de los controles y verificaciones técnicas, articulando a proyectistas, fabricantes y constructores con las necesidades de los futuros habitantes.

En ese sentido, la Subsecretaría de Desarrollo Urbano y Vivienda de la Secretaría de Obras Públicas, por Disposición Nº18 de abril del 2000, creó una Comisión Técnica para definir los *"Estándares Mínimos de Calidad para Viviendas de Interés Social"* a ser aplicados en el Plan Federal de Infraestructura y Vivienda. En la comisión participaron instituciones técnicas y académicas, centros de investigación y normalización, cámaras empresariales, Institutos Provinciales de Vivienda, entidades no gubernamentales y la propia Secretaría, expidiéndose a los noventa días de creada. El texto propuesto, incluye en una primera parte, los parámetros básicos para la elección del terreno y diseño del conjunto y pasa luego a los estándares a aplicar en vivienda en los aspectos de seguridad, habitabilidad y durabilidad. La segunda parte incluye especificaciones técnicas básicas para los rubros en los cuales tradicionalmente se detectaron problemas.

4.2. Estudio de casos particulares del período 1967-1997

4.2.1. Conjunto Urbano Comandante Piedrabuena[10]

El Conjunto Habitacional Piedrabuena tiene su origen en un llamado a concurso en el año 1975, dentro del Plan Alborada de la Secretaría de Estado de Vivienda y Urbanismo (sevu). Con la implementación de operatorias con fondos FONAVI, es traspasado desde la jurisdicción nacional a la Comisión Municipal de la Vivienda (cmv) de la mcba. En 1981 se termina la primer etapa de la construcción y se adjudican las primeras viviendas.

El barrio está situado en el borde sudoeste de la ciudad, en contacto con la Av. General Paz. Se encuentra equidistante de dos avenidas que lo comunican con el centro: la Autopista Dellepiane y la Avenida del Trabajo. Su implantación se da en la bifurcación de ambas vías.

El Conjunto consta de 2.100 unidades de vivienda y equipamiento comunitario, organizados en 9 sectores: 7 hemiciclos de edificios altos y bajos y 2 tiras de edificios altos.

Los hemiciclos de edificios altos (de 7, 10 y 13 pisos) bordean las calles y envuelven a los hemiciclos bajos (de 4 pisos), los que a su vez encierran áreas verdes en cinco casos y guarderías en los otros dos.

Los edificios se hallan interconectados por *núcleos circulatorios* que permiten acceder a las viviendas bajas desde varios puntos. El acceso a las

10. Estudio de prefactibilidad técnico-constructivo de las reparaciones del Conjunto Habitacional Piedrabuena / Convenio FADU (PMH) – CMV / 1994-95. Dirección: Renée Dunowicz. Investigadores: Alicia Gerscovich, Teresa Boselli, Rodolfo Hasse, Victoria Cowes. Consultorías del Departamento de Construcciones del INTI y del Ing. Juan M. Cardoni.

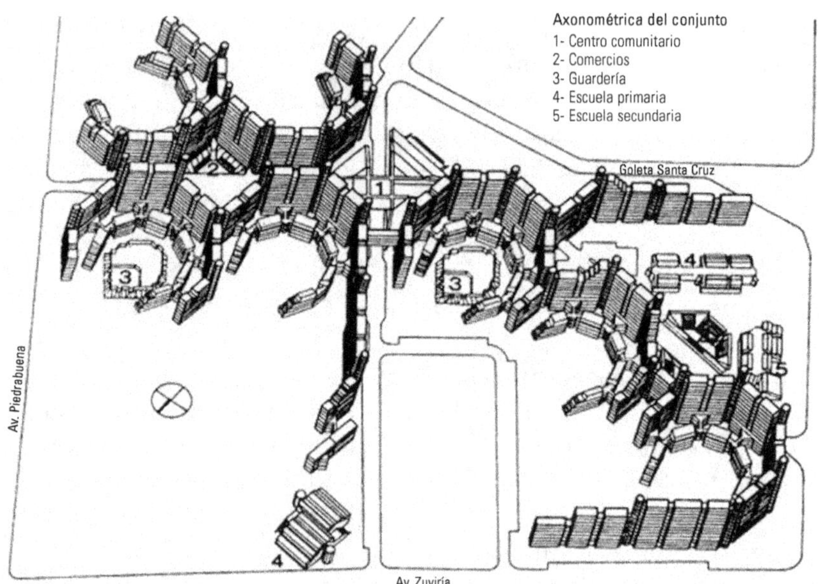

Figura 11. Axonometría del conjunto.

viviendas de edificios altos se produce combinando escaleras y ascensores. *El número total de escaleras que abastecen al Conjunto es de 107.* Los *sistemas constructivos* adoptados fueron: encofrado deslizante (sistema túnel) para la estructura de hormigón armado en los edificios altos, bloques portantes y losas premoldeadas para los edificios bajos, y escaleras, paneles de cerramiento y paneles sanitarios de premoldeados de hormigón.

El Reglamento de Copropiedad y Administración del barrio, que fuera aprobado por la cmv en 1987, estableció cuatro consorcios compuestos por unidades funcionales de vivienda y locales comerciales, y definidos por el cruce de las dos calles que atraviesan el Conjunto, Montiel y 2 de Abril (Figura 11).

Sin embargo, el Conjunto *fue licitado y proyectado como un "conjunto único".* Por ello, las redes de infraestructura de servicios fueron ejecutadas

Figura 12. Fallas de junta entre paneles. Conjunto Habiitacional Piedrabuena, 1995.

siguiendo ese criterio. Esto dificulta el traspaso de su administración y mantenimiento a los copropietarios.

La complejidad del mantenimiento del Conjunto está dada por las *fallas preexistentes,* una de las causas de su deterioro prematuro, y por la *indefinición de la situación dominial,* resultado de la contradicción entre la estructura espacial y la subdivisión en propiedad horizontal aplicada.

La evaluación del estado técnico-constructivo del barrio se realizó sobre cuatro rubros:

- *Estructura*
- *Fachadas*
- *Techos*
- *Seguridad contra incendio*

Los principales problemas detectados fueron:

• *Fachadas y Techos:* se producen *filtraciones de agua generalizadas*, con diferente intensidad según el tipo de cerramiento. En el caso de las fachadas el problema mayor reside en las juntas verticales de los paneles prefabricados o entre paños de mampostería de bloques huecos de hormigón, y en este último caso también por falla de la junta horizontal entre el paño y la losa (Figura 12).
• *Seguridad contra incendio:* resulta insuficiente con relación a los elementos de extinción y de provisión de agua conque cuentan los edificios. Esta situación se agudiza en los edificios altos ya que el 28,5% de las viviendas no cuentan con un medio de escape directo y simple a la planta baja de los edificios, significando un grave riesgo en caso de incendio (Figura 13).
• *Estructura:* en el caso de los *apoyos móviles* de las vigas de los edificios puente, de pasarelas y de tramos de las escaleras, se observaron fisuraciones en la zona del apoyo. Esto implica la pérdida de la capacidad portante de estas piezas frente a solicitudes de corte, resultando en un grave riesgo ya que aumenta la probabilidad de fallo estructural.

El PMH propuso soluciones alternativas a los principales problemas que se verificaban en el conjunto:

• Para el caso de las *estructuras de hormigón armado,* el criterio fue recuperar la capacidad estructural de los elementos afectados. Las técnicas propuestas, en base a morteros "epoxi", no afectaban la imagen arquitectónica y aseguraban una durabilidad superior a la vida útil de los otros elementos constitutivos.
• Para las *circulaciones verticales,* se elaboró una propuesta de completamiento de las escaleras complementarias de los edificios altos, posibilitando un medio de escape alternativo desde el 4º piso (nivel en el que actualmente terminan estas escaleras) a la planta baja.
• Para la *fachadas* se propusieron técnicas de reparación según

Figura 13. Conjunto Habitacional
Piedrabuena, 1995

dos alternativas: aplicación de revoque o pintura "epoxi". Estas dos
soluciones se reflejan en los dos presupuestos obtenidos.
• Para los techos de edificios bajos se propuso la sustitución parcial o total de las chapas galvanizadas, y también se presupuestó
una variante basada en la impermeabilización de las chapas mediante la aplicación sobre las mismas de una membrana.

Con estas propuestas de solución para los problemas prioritarios del
conjunto se solicitaron presupuestos alternativos.
*Los resultados obtenidos concluyeron que, estimando un valor prome-
dio de $35.000.– por vivienda (valor de mercado relevado para el con-
junto Piedrabuena en el año 1994), el porcentaje de incidencia de las
reparaciones de las 2.100 viviendas que integran el conjunto representaba entre un 12% o un 20% respecto del costo de reposición de las*

mismas, según cuál de las dos variantes finalmente presupuestadas se adoptara (de mínima o de máxima).

Según el Arq. Pastrana (Universidad de París, La Villette), en el año 1994 en Francia se admitía hasta un costo máximo del 25% para recomendar la rehabilitación de un barrio en lugar de su reposición. En aquel país, el Estado contaba con tres tipos de fondos para implementar las rehabilitaciones de los barrios deteriorados: uno, el subsidio, otro el crédito de bajo costo (la masa mas importante de dichos fondos), y, fondos propios para intervenir cuando los subsidios y créditos no alcanzaran para cubrir el monto total de las obras de rehabilitación.

4.2.2. Conjunto Urbano Soldati [11]

La construcción del Conjunto Habitacional Soldati finalizó en 1978. Había sido objeto inicialmente de un concurso del PEVE (Plan de Erradicación de Villas de Emergencia) en 1972. Con la reglamentación del FONAVI en 1977, fue traspasado a la CMV y construido con financiamiento de este fondo.

Este vasto conjunto habitacional integrado por 3200 viviendas y 65 locales comerciales está implantado sobre un predio de 19 hectáreas, y aloja una población estimada de 17.870 habitantes. El conjunto abarca 119 edificios, de los cuales 50 son edificios en altura y 69 son edificios bajos. Por su magnitud, constituye el segundo conjunto en importancia construido en Buenos Aires (Figura 14).

El objeto del trabajo consistió en estudiar el estado técnico-constructivo que presentaban sus edificios y la organización de su gestión administrativa, para establecer las causas que produjeron las fallas, con la finalidad de proponer las soluciones apropiadas para una eficaz rehabilitación y el posterior mantenimiento de los edificios y las áreas exteriores.

Los estudios realizados y coordinados por el PMH verificaron un estado de degradación de:

11. "Evaluación del estado actual del Conjunto Urbano Soldati" Estudio encomendado por la Comisión Municipal de la Vivienda al PMH, en el marco de un convenio suscrito en el año 2000, entre la CMV y la FADU/UBA. Dirección: Renée Dunowicz. Investigadorers: Rodolfo Hasse, Juan María Cardoni, Fernando Villaveirán. Colaboradores: Valeria Muchinsky, Sergio Zotello y Marisa Vázquez.

Figura 14. Arriba, vista general del CU Soldati, 1981 (foto de archivo CMV), y, a la derecha, la planta de conjunto.

• las *estructuras* (fisuras de coronamiento; desprendimiento del recubrimiento y corrosión de armaduras en tabiques y columnas de hormigón elaborado *in situ* y en los elementos premoldeados constitutivos de las escaleras de los edificios altos y bajos) (Figura 15);

Figura 15.
Desprendimiento
del hormigón
visto.

Figura 16.
Filtraciones por
pérdidas de
cañerías de agua.

• las *envolventes verticales* (fisuras y grietas en tabiques, desprendimiento de revoques, manchas de humedad, chorreaduras y micro-
organismos, corrosión de marcos y hojas de las carpinterías y
perfiles metálicos de barandas) (Figura 16);
• las *envolventes horizontales* (degradación de las membranas hidró-
fugas y generalizadas filtraciones hacia el interior de las viviendas);
las *instalaciones* (particularmente avanzado deterioro de las sanitarias); y deterioro de *superficies interiores* (propias y comunes) y
áreas exteriores.

En lo referente al modo de gestión administrativa del conjunto, se estableció la necesidad de reestructurar las unidades de gestión en el 50% de
los edificios altos y en el 100% de los edificios bajos, para lo cual se ela-
boraron propuestas para contribuir a clarificar los derechos y responsabilidades de los *copropietarios, mediante unidades de gestión que conciliaran
la estructura física con la administrativa y legal, en una estructura que las
integrara, favoreciendo el uso y apropiación del hábitat por los usuarios.*

4.2.3. Desempeño del hormigón visto en la vivienda social de Buenos Aires[12]

Paralelamente a la búsqueda del resultado estético, el uso del hormigón visto en la vivienda social tuvo un especial incentivo económico,
al considerar que eliminar revoques y/o revestimientos contribuía a
reducir costos, como beneficio a corto término. Esta interpretación no
contempló los costos de mantenimiento, y en pocos casos se previó
la protección superficial o la aplicación de una tecnología apropiada
para el desempeño del hormigón visto a lo largo de su vida útil.
Particularmente, el hormigón destinado a quedar a la vista no puede ser
un hormigón común, sino que sus componentes y su elaboración deben
adecuarse a su destino, es decir, debe tener una durabilidad adecuada
bajo determinadas condiciones de exposición.

---

12. Convenio entre el Instituto del Cemento Portland Argentino y la FADU/UBA, en el año 2000/1
realizado por el Programa de Mantenimiento Habitacional. Responsable Técnico: Renée Dunowicz.
Investigadores: Rodolfo Hasse, Juan M. Cardoni y Fernando Villaveirán.

Este estudio implicó profundizar uno de los aspectos considerados en el Inventario de las obras realizadas por acción directa del Estado, entre 1907 y 1997. Para este trabajo se consideraron 27 obras realizadas por la Comisión Municipal de la Vivienda (CMV) entre 1967 y 1997, con un total de 1.085.565 m². Este corte temporal coincide con el uso más generalizado del hormigón visto en la ciudad de Buenos Aires.

Dentro del universo mencionado, se seleccionaron cinco obras, considerando su representatividad según el comportamiento en servicio del hormigón visto, en diferentes tipologías edilicias, construidas con tecnologías y operatorias vigentes. La muestra suma un total de 514.480 m², casi el 47% del universo considerado. Para la selección de las tipologías edilicias se consideró: cantidad de fachadas expuestas y factores referidos al grado de exposición de las unidades analizadas. El sistema constructivo fue definido por el modo de producción: tradicional, tradicional racionalizado, prefabricado abierto y prefabricado cerrado.

Según su terminación superficial, las obras se designan de *hormigón desnudo* cuando la superficie exterior aparenta no poseer protección alguna; *hormigón con protección superficial* cuando la superficie ha sido protegida por pinturas comunes y/o especiales y de *hormigón en superficies poco representativas* cuando el hormigón visto toma superficies parciales y/o de reducida magnitud.

La evaluación del estado actual se circunscribe a la observación, relevamiento y descripción de las manifestaciones patológicas de las siguientes obras:

1) Conjunto Urbano General Savio I-II (Lugano I y II), año 1973, 6.440 viviendas.

2) Conjunto Urbano Justo Suárez, año 1974, 1.126 viviendas.

3) Conjunto Urbano Cardenal Samoré, año 1989, 1.218 viviendas.

4) Edificios de Vivienda Colectiva Cooperativa Techos, año 1992, 80 viviendas.

5) Edificio de Vivienda Colectiva Cooperativa Grand Bourg, año 1997, 44 viviendas.

Entre los síntomas relevados se incluyen: disgregaciones, lixiviación y eflorescencia, exfoliación, corrosión de armaduras / armaduras a la vista, fisuras, manchas, oquedades y deterioro de juntas entre elementos. En el caso de las fisuras, se consideraron: posición, amplitud, trayectoria, agrupamiento, profundidad, estado de actividad y todo dato de interés que permitiese identificar las causas que las motivaron.

Conclusiones

Una visión generalizada de las distintas obras consideradas permite inferir que, tanto en la etapa de proyecto como en la de construcción, no han sido siempre debidamente aplicadas las normas y recomendaciones vigentes para la ejecución del hormigón visto, ni consideradas las condiciones de exposición a que estaría sometido por los agentes climáticos y el entorno urbano inmediato. A ello se suma la falta de mantenimiento de las superficies expuestas a lo largo de su vida útil, agravado, en algunos casos, por el mal uso y agresiones de administradores y usuarios que actúan sobre él con total desconocimiento del daño que le producen.

En la *etapa de proyecto* las manifestaciones patológicas más frecuentes que se han relevado son consecuencia de especificaciones técnicas insuficientes y/o imprecisas y se sintetizan en:

a) Marcado de armaduras en el hormigón colado *in situ*, y marcado de mallas en los elementos prefabricados por falta de especificaciones o por imprecisión de las mismas acerca del recubrimiento mínimo de las armaduras.

b) Resistencia insuficiente del hormigón de recubrimiento por ausencia o deficiencia de la dosificación para la ejecución del hormigón visto en los pliegos de especificaciones técnicas.

c) Agresión de orín de animales domésticos e impactos de vehículos por imprevisión de la protección de los elementos verticales de hormigón visto a nivel peatonal.

d) Aparición e intensificación de algunas fallas por falta de respuestas diferenciadas a las exigencias climáticas y a las agresiones ambientales del entorno, en relación a la orientación, ubicación y altura de los elementos.

e) Desconocimiento de las agresiones ambientales del entorno urbano.

En relación a los *errores de ejecución* por incumplimiento de normas técnicas y/o de pliegos o falta de apropiados controles durante la ejecución, se han podido relevar múltiples manifestaciones patológicas, entre las que se cuentan:

a) Rebarbas de hormigón poroso; desniveles en las caras exteriores de los elementos por falta de alineación y nivelación de las tablas; superficies rugosas que no permiten rápido deslizamiento del agua de lluvia; falta de prolijidad en la ejecución de las aristas; falta de juntas o juntas mal resueltas en el corte del hormigonado entre niveles; moldes deformables y/o poco rígidos.

b) Marcado de armaduras en el hormigón colado *in situ*, y marcado de mallas en los elementos prefabricados por ejecución de armaduras que, en general, no cuentan con un revestimiento mínimo de 2.5cm al elemento de acero más externo.

c) En cuanto a la preparación de la pasta y posterior llenado, se han comprobado diversas fallas: excesiva porosidad de las caras exteriores por deficiente relación agua/cemento; imperfecciones y oquedades en las caras externas de los elementos por insuficiente compactación de la pasta; uso de áridos de grandes dimensiones; utilización de aditivos de calidad no comprobada; falta de ejecución de retoques en irregularidades superficiales.

En lo que respecta al *mantenimiento*, se comprueba que no existe una programación de acciones preventivas para la conservación de la durabilidad proyectada por:

a) Falta de renovación periódica de las pinturas protectoras del hormigón visto en las superficies con recubrimiento permeable;

b) Daños producidos por mal uso: perforación de orificios o roturas no previstas en tabiques exteriores para colocar equipos y/o ventilaciones o amurar grampas de soportes no previstos para carteles, cableados exteriores, etc;

c) Postergación indefinida de reparación de cañerías embutidas en contrapisos o tabiques exteriores con pérdidas de agua que inciden, directa o indirectamente, sobre elementos de hormigón visto.

Finalmente se verifica que, si bien la construcción de edificios con hormigón visto reduce los costos iniciales, se evidencia en los relevamientos realizados que el deterioro prematuro genera mayores costos diferidos. Al no tomarse las previsiones apropiadas en las etapas de proyecto y ejecución, el deterioro del hormigón incorrectamente ejecutado requiere inversiones en reparaciones que sus usuarios no pueden absorber.

Es importante destacar que si bien, básicamente, las normas técnicas existen, es necesario una mayor difusión académica y pública de las mismas. Por ello, debe incorporarse a las currículas de grado de las carreras relacionadas con el sector de la construcción la problemática de la calidad y su relación con las normas y controles.

La paulatina pérdida de mano de obra especializada, así como la incorporación de nuevas tecnologías, plantea la necesidad de capacitar mano de obra en una tecnología particular como la del hormigón visto, por cuanto debe dejar de ser visto como un material barato y de baja tecnología.

Finalmente, también se debe realizar una constante difusión acerca de la adecuada ejecución del hormigón visto y su mantenimiento posterior, dirigida a informar y a concientizar tanto a profesionales y constructores como a usuarios y administradores de edificios públicos y privados.

Si bien el objetivo general es elaborar recomendaciones para mejorar la calidad constructiva de la vivienda social, el objetivo particular de este estudio intenta capitalizar la experiencia recogida, enfatizando sobre la necesidad de incorporar pautas de diseño en la etapa proyectual y mecanismos de control durante la etapa de construcción que, explícitamente, contemplen reducidos costos de mantenimiento del hormigón visto durante la etapa de uso, para asegurar el desempeño y la vida útil proyectada de las futuras obras de vivienda.

4.2.4. Conjunto Urbano Samoré, Conjunto Urbano Albarellos, Edificio Cooperativa Mutual Subterráneos y Edificio Cooperativa Grand Bourg[13]

A fin de profundizar algunos aspectos no considerados en anteriores estudios de caso, y de completar la evaluación del desempeño de la vivienda social, se seleccionó una muestra constituida por barrios o conjuntos de vivienda en función de sus características físicas: antigüedad, tipología urbano-arquitectónica, edilicia y constructiva; y representativos de diferentes modalidades de gestión administrativa. Considerando estos criterios, la muestra se integró con *cuatro casos que suman 1.595 unidades de vivienda*, cantidad que representa el 7% sobre el total de 23.328 construidas, entre 1967 y 1997, en la ciudad de Buenos Aires por acción directa de la Comisión Municipal de la Vivienda (Tabla 8).

Tabla 8. Datos de los casos seleccionados

Conjunto urbano	Operatoria	Cantidad de viviendas	Tipología edilicia
C.U. Albarellos (1978) (Figura 17)	Plan de Erradicación de Villas de Emergencia (PEVE)	193	Conjunto de edificios de vivienda colectiva en altura, c/ascensor y c/perímetro libre
C.U. Cardenal Samoré (1989) (Figura 18)	FONAVI * operatoria tradicional	1218	Conjunto de edificios de vivienda colectiva en altura, c/ascensor y c/perímetro libre
Cooperativa Grand Bourg (1997) (Figura 19)	FONAVI * Financiamiento compartido	44	Edificio de vivienda colectiva en altura, c/ascensor y entre medianeras
Cooperativa Mutual Subterráneos (1997) (Figura 20)	FONAVI * Financiamiento compartido	140	Edificios de vivienda colectiva en altura, c/ascensor y c/perímetro libre

* Fondo Nacional de la Vivienda (Ley 21.581 de 1977)

13. Este estudio se inscribe en un proyecto de investigación realizado por el PMH entre 1998-2001, que fue financiado por la Agencia Nacional de Promoción Científica y Tecnológica (convocatoria pública PICT 1997). Dirección: Renée Dunowicz. Investigadores y colaboradores: Alicia Gerscovich, Beatriz Amarilla ,Rodolfo Hasse, Juan M. Fernando Villaveirán, Victoria Cowes, Patricio Jones, y Sergio Zotello.

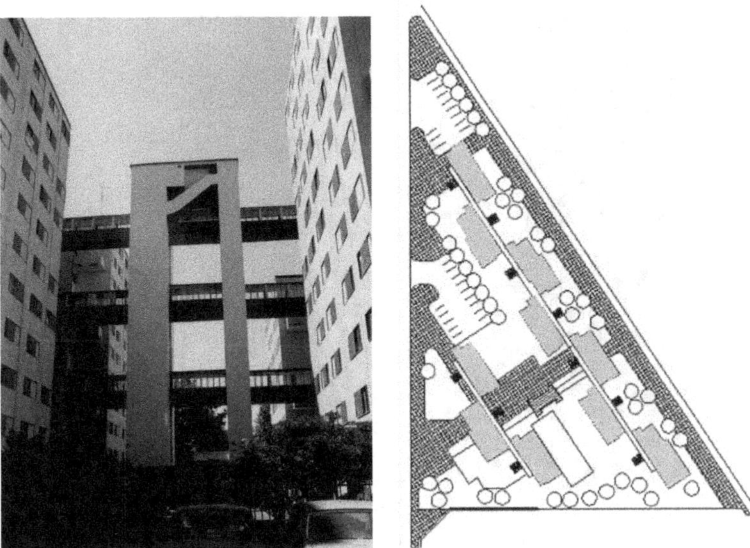

Figura 17. Albarellos (A) Vista y planta de conjunto.

Figura 18. Samoré (S) Vista y planta de conjunto.

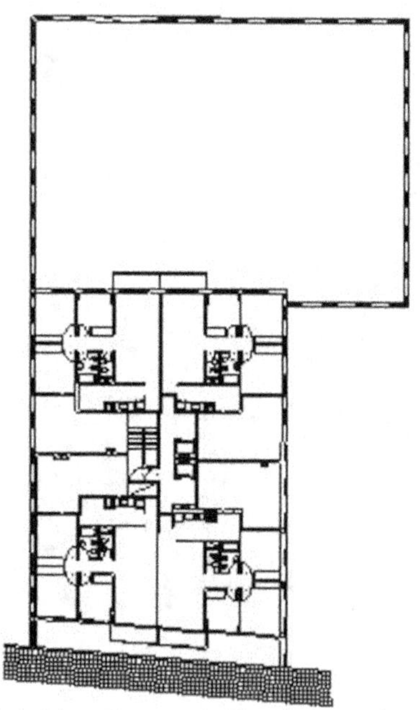

Figura 19.
Grand Bourg (GB). Vista y planta
de conjunto.

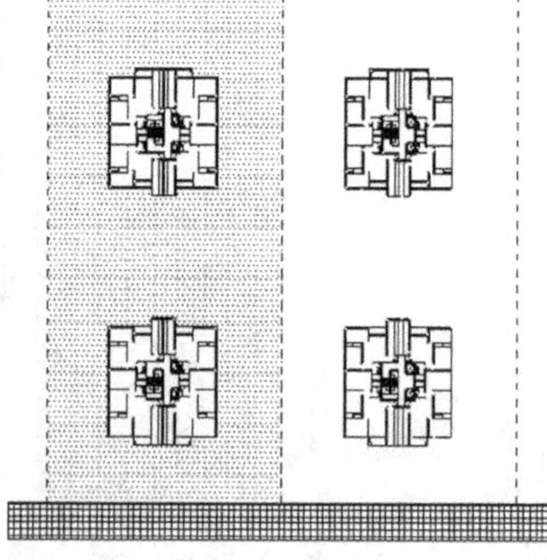

Figura 20. Subterráneos (ST). Vista y planta de conjunto.

En todos los casos se adoptaron tipologías edilicias en altura con circulación vertical mecánica.

El objetivo principal del estudio consistió en observar cómo distintos factores de índole física, ambiental, de gestión, etc., incidieron en las formas de organización de la administración y en la determinación cuantitativa de los gastos de operación y mantenimiento.

Gestión administrativa y Costos de operación y mantenimiento

Para la evaluación de los *modos de gestión administrativa*, se estudió el tamaño de los consorcios, su esquema de organización, el monto y destino de las expensas y el grado de participación de los usuarios en la gestión. Los datos se obtuvieron de los respectivos Planos de Mensura y Subdivisión en Propiedad Horizontal y de los Reglamentos de Copropiedad y Administración, complementados por encuestas a administradores y usuarios.

A partir del estudio global de dichos Planos y Reglamentos se efectuó un análisis particularizado de la tipología de organización de la gestión administrativa, considerando la tipología urbano-arquitectónica,

Tabla 9. Unidades de gestión administrativa (Uga)*

Conjunto urbano	Unidad de gestión administrativa		Consorcios Sectoriales		Subconsorcios de hecho	
	Consorcios	Viviendas	Cantidad	Viviendas	Cantidad	Viviendas
Albarellos	1	193			10	20 c/u
Cardenal Samoré	14	90 UF** c/cons.			42 subcons.	30 unidades x subconsorcio
Grand Bourg	1	44				
Subterráneos	1	74	2	37 c/u		

* La UGA se compone de un conjunto de Unidades Funcionales (UF) y Complementarias que comparten un único medio de salida hacia la vía pública en forma directa, por medio de circulaciones verticales u horizontales de uso exclusivo. Las UGA se administran en forma autónoma (Consorcio único o Consorcio Sectorial) o en forma semiautónoma (Subconsorcio de hecho, por delegación de tareas de las instancias de gobierno del Consorcio General).
** La UF es la superficie propia destinada a un uso autónomo (viviendas, oficinas, locales comerciales, etc.).

la tipología edilicia y la escala del conjunto, como marco de referencia de la participación de los usuarios en la gestión.

La tipología reglamentaria de la gestión administrativa legal se correlacionó con su forma de funcionamiento en la práctica, y se relevaron distintos modos de gestión administrativa adoptados espontáneamente por los usuarios a partir de esquemas de organización *de hecho*, no previstos reglamentariamente. Asimismo, se evaluó el nivel de correlación entre la tipología arquitectónica y la tipología de la gestión administrativa (Tabla 9).

De los estudios efectuados, pudo concluirse que:

• Las Unidades de Gestión Administrativa (sean reglamentarias o de hecho) circunscriben su alcance a las viviendas abastecidas por un mismo núcleo circulatorio vertical peatonal, abarcando cada Unidad de Gestión a los copropietarios agrupados en torno a la misma escalera (Tabla 10).

• Si la estructura administrativa de origen, establecida en el Reglamento de Copropiedad y Administración, no prevé descentralizaciones sectoriales, los usuarios adoptan Unidades de Gestión autónomas *de hecho*, sin valor legal, pero consensuadas en el Consorcio General.

• La escalera se constituye en el eje principal de la circulación vertical, particularmente en los casos en que los ascensores tienen paradas en pisos alternados (ej: Albarellos, con paradas cada 3 niveles), abasteciendo en forma directa solo al 33% de las Unidades.

Tabla 10. Características del soporte circulatorio

Conjunto urbano	Unidad de gestión administrativa		
	Escaleras	**Ascensores**	**Parada de ascensores**
Albarellos	10 escaleras (1 x edificio)	1 Núcleo de 6 ascensores	PB - 3° - 6° y 9° piso
Samoré	42 escaleras (3 x edificio)	14 Núcleos de 2 ascensores	PB a 9° piso
Grand Bourg	1escalera	1 Núcleo de 2 ascensores	PB a 9° piso
Subterráneos	2 escaleras (1 x edificio)	2 Núcleos de 2 ascensores	PB a 9° piso

• En el caso de Samoré el conjunto fue concebido arquitectónicamente como una unidad. No obstante, la subdivisión legal de las Unidades se realizó considerando el parcelamiento independiente del predio único en 14 predios correspondientes cada uno a un edificio. El Consorcio único por edificio se modificó al subdividirse en tres sub-consorcios *de hecho*, lo que demuestra la conveniencia de prever una escala reducida de viviendas para el eficaz funcionamiento de una unidad de gestión administrativa.

• En Subterráneos se adoptó un criterio similar, subdividiendo en dos el predio único original, con un consorcio independiente por predio, con dos torres cada uno. En este caso, se previó reglamentariamente la subdivisión de cada Consorcio autónomo en 2 subconsorcios, coincidentes cada uno de ellos con una torre.

Costos de operación y mantenimiento

A los efectos de realizar una aproximación al problema, se realizó un estudio comparativo de los gastos derivados del mantenimiento y operación de edificios sobre los cuatro casos seleccionados del inventario. El objetivo principal fue el de observar cómo distintos factores de índole física, ambiental, de gestión, etc., incidían en la determinación cuantitativa de los mismos.

La información se obtuvo del registro de las expensas mensuales y de los servicios que los vecinos abonan. Se discriminaron los gastos variables (reparaciones y mejoras, correspondientes en general al mantenimiento correctivo) y de los gastos fijos de operación (sueldos y honorarios, servicios, compra de insumos para limpieza, etc.). Se establecieron unidades de medida que hicieran posible la comparación de los gastos totales y mensuales. Se estimó un gasto medio por departamento, utilizando en cada tipo de análisis las unidades que se consideraron más adecuadas.

Gastos totales y mensuales en expensas

Se observó una notable diferencia entre los gastos registrados para Albarellos (A) y el resto de los analizados. También, según una evaluación de satisfacción de los usuarios realizada en forma paralela, es el caso en el que se aprecia mayor nivel de disconformidad. Los factores explicativos son múltiples, aunque se necesitaría de la aplicación de un modelo más detallado para evaluar la incidencia de cada variable en el monto de las expensas. Entre ellos pueden citarse:

• El ejemplo A es el de mayor antigüedad entre los analizados.
• La configuración tipológica, en la que los edificios se organizan en un esquema único, que contiene a casi 200 viviendas, en el que resulta difícil delimitar responsabilidades para el mantenimiento y administración.
• Aunque no es privativo de este ejemplo, los edificios superan los ocho pisos. Esto parecería confirmar la teoría general que indica que, en Argentina, se consiguen costos óptimos de construcción y mantenimiento alrededor de los ocho pisos, a partir de lo cual los costos unitarios aumentan, como consecuencia de factores geométricos (menor compacidad), tipo de ascensores con mayor número de paradas, mayor desarrollo de los conductos de instalaciones, etc. (MASCARÓ, 1983).
• Los usuarios son de escasos recursos; el conjunto se construyó para realojar habitantes de villas de emergencia, potenciando la problemática económica con los conflictos sociales.

Tabla 11. Porcentaje respecto del total de los gastos variables según rubros

Conjunto urbano	Rubro	%
Grand Bourg (GB)	Cerrajería / Instalaciones sanitarias / Ascensores / Instalación contra incendio	69
Subterráneos (ST)	Albañilería / Jardinería / Instalación sanitaria	70
Samoré (S-3B)	Instalación sanitaria / Ascensores / Instalación eléctrica	75
Samoré (S-1ª)	Instalación sanitaria / Albañilería / Ascensores	72
Samoré (S-7C)	Instalación sanitaria / Cerrajería / Ascensores	70
Albarellos (A)	Jardinería / Instalación eléctrica	77

El rubro *Sueldos y honorarios* tiene una incidencia crítica en las expensas, con valores que oscilan entre un 44 y un 78%, excepto en el caso de ST, en el que este rubro resulta mucho más modesto, con un gran crecimiento, sin embargo, de los *servicios, abonos y seguros*.

Los *gastos variables* (reparaciones) son los que en mayor medida se vinculan con decisiones básicas de proyecto, producción y uso, susceptibles de ser modificadas en el futuro a partir del análisis de bases de datos como la presente. Se listaron once rubros, para cada ejemplo estudiado (Tabla 11). Estos se ubicaron en orden decreciente de acuerdo a su monto, estudiando su influencia porcentual en el total. Se observa que, en todos los ejemplos, de dos a cuatro rubros resultan explicativos de alrededor del 70% de los costos:

Se aprecia una reiteración de rubros, surgiendo como elementos clave del gasto, en las sucesivas oportunidades, tanto la instalación sanitaria como los ascensores. Si se observan estos rubros con mayor detalle es posible detectar la naturaleza de los trabajos más usuales: impermeabilización de las terrazas de los edificios, reparación de puertas comunes de acceso de personas y vehículos, reparaciones de instalaciones de agua, cloacas y bomba de agua, portero eléctrico, mantenimiento de espacios comunes, etc.

Por último, se ha comparado el gasto de los rubros más significativos (ascensores, bomba de agua, instalación sanitaria y eléctrica) en los edificios de los diferentes conjuntos. En este caso, se ha realizado un cociente entre el gasto mensual y el número de pisos. Se observan notables diferencias entre los conjuntos. Por ejemplo, en la instalación eléctrica, en el conjunto A las reparaciones tienen una incidencia excluyente, cuadruplicando los montos del consorcio que le sigue, s-3b (Samoré).

Satisfacción del usuario

Uno de los objetivos de nuestro trabajo es evaluar si las viviendas construidas a través de programas encarados por el sector público satisfacen las funciones para las que fueron destinadas, así como las necesidades y expectativas de los usuarios.

En el año 2000, para evaluar este aspecto, al equipo de investigadores del PMH, se sumó en esta instancia, la Dirección Nacional de Políticas Habitacionales de la SSDUY V, en virtud de un Convenio de Cooperación y Asistencia técnica entre esta última y la Facultad de Arquitectura, Diseño y Urbanismo de la UBA (Dunowicz y Cowes, 2000).

En ese marco se encaró en forma conjunta una *"Encuesta de Satisfacción del usuario de vivienda social"*, para la que cada institución aportó su especificidad. Se convino en realizar una encuesta de opinión basada en entrevistas domiciliarias, estructuradas a partir de un modelo de cuestionario diseñado para relevar la información de tipo cualitativo sobre la satisfacción de usuarios y administradores, en aspectos que hacen al uso, operación y mantenimiento del hábitat.

Las intervenciones analizadas fueron las ya mencionadas en el item anterior: el c.u. Albarellos, c.u. Samoré, Cooperativa Grand Bourg y la Cooperativa Mutual Subterráneos.

La definición de la muestra de edificios y unidades de vivienda a ser encuestadas implicó distintas instancias de selección, según orientación y ubicación en el edificio. Respecto al tamaño de la muestra, se resolvió relevar como mínimo el 5% de las unidades del universo; finalmente se trabajó con una muestra de 119 unidades de vivienda. Se optó por una muestra no probabilística de tipo intencional, metodología que exigió el concurso de encuestadores calificados.

El *Cuestionario* fue diseñado de modo de evaluar la opinión de los usuarios con el mismo patrón con que se realizó la evaluación físico-funcional. En función de ello, se adoptó el siguiente esquema analítico: 1. Características de los hogares; y 2. Grado de conformidad con el hábitat, desglosado en: a) con la vivienda, b) con el edificio, c) con la gestión administrativa, d) con la participación e integración de los usuarios.

Tenencia y Dominio de las Unidades: La irregular situación dominial origina previsibles y múltiples obstáculos para la administración y mantenimiento de los edificios, dado que las normas vigentes impiden tomar decisiones a quienes no son titulares de dominio. El caso de Samoré es paradigmático, ya que después de 11 años transcurridos desde su habilitación, solamente el 25% de los usuarios encuestados tiene escritura. Esta situación origina previsibles y múltiples

obstáculos para la administración y mantenimiento de los edificios.
Estado del edificio: El 100% de los encuestados considera necesario efectuar arreglos edilicios, particularmente de los ascensores. Luego figuran las fisuras o revoques, la pintura del edificio, el arreglo de la puerta de entrada del edificio y la reparación de balcones o terrazas. Del procesamiento de datos surge que muchos de los factores que provocan insatisfacción están relacionados con decisiones de diseño, funcionales o de equipamiento incompleto: cantidad y tamaño de los dormitorios, cantidad de baños, circulaciones que no prevén el acceso de discapacitados o mudanzas, falta de lugares para guardar, ruidos provenientes del exterior y de los pisos superiores, etc. Si se contemplan las modificaciones realizadas, se advierte la provisión de muebles de cocina, cambio de carpinterías, cerramiento de balcones, renovación de revestimientos, entre otros. Es evidente que no existe correlación entre estas falencias y los gastos de las expensas, ya que la mayoría corresponden a gastos particulares realizados por cada familia en forma individual.

Uno de los gastos de operación por excelencia es el energético, relacionado con el acondicionamiento ambiental. Según las encuestas, es generalizado el uso de ventiladores de techo en verano y calefactores en invierno. Los usuarios acuerdan que las viviendas resultan frías en invierno.

La *insatisfacción relacionada con patologías edilicias* está, en teoría, más íntimamente vinculada con lo que se ha denominado gastos variables (o extras) en las expensas. Entre las patologías que los usuarios encuestados detectan, se encuentran las siguientes:

- Filtraciones de aire por falta de estanqueidad de carpinterías.
- Filtraciones de agua por carpinterías y en algunos casos, por paredes y techos.
- Problemas de fisuras y revoques en balcones y terrazas.
- Funcionamiento de los ascensores.
- Reiterados problemas relacionados con la instalación sanitaria.
- Estado de espacios comunes de circulación, como hall de entrada, pasillos y ascensores.

Tabla 12. Resumen de aspectos relacionados con la gestion administrativa según los casos estudiados

Aspecto encuestado	Albarellos	Grand Bourg	Samoré	Subterráneos	Promedio gral.
Disconformidad con la administración	43 %	30 %	31 %	13 %	31 %
Disconformidad con el monto de las expensas	87 %	10 %	52 %	40 %	54 %
Asistencia a reuniones de consorcio	39 %	90 %	54 %	66 %	62 %
Lectura y conocimiento del Reglamento de Copropiedad	34 %	90 %	47 %	86 %	52 %

Asimismo, un elevado porcentaje de los encuestados manifestó su disconformidad con el *monto de las expensas*. Si se contemplan los montos de expensas en los distintos casos, se advierte que, respecto de los ítems anteriores, las reparaciones se centran en aquellas fallas que no pueden ser postergadas por amenazar el funcionamiento mismo y la seguridad del edificio y de las personas: obras sanitarias y ascensores. En este esquema, el confort del usuario en el resto de los aspectos, no llega a ser priorizado (Tabla 12).

En el caso particular de los *ascensores* se detectó que la causa fundamental del mal funcionamiento es la instalación de ascensores usados y reacondicionados. En el caso de las carpinterías se utilizaron en la construcción *carpinterías no aprobadas*, y en los *techos*, los problemas se originaban fundamentalmente en errores de ejecución, mal uso y falta de mantenimiento.

En los conjuntos con mayor antigüedad, Samoré y Albarellos, se mencionan como causas de disconformidad con la *administración* la lentitud para solucionar los problemas, la no consulta de los presupuestos y la falta de diálogo.

La participación y asistencia a las Asambleas y Reuniones de Consorcio está también asociada a la conformidad con la Administración. El 71% de los encuestados que manifiesta estar conforme con la Administración asiste a las reuniones, proporción que disminuye al 41% en el grupo de aquéllos que no están conformes (el Conjunto Albarellos, con el mayor índice de disconformidad con la Administración, es el que tiene el menor grado de participación en las reuniones del Consorcio). Asimismo, respecto de la *gestión administrativa*, las respuestas de los usuarios respecto a la calidad de la misma, demostró que el monto destinado a gastos de mantenimiento no permitía invertir en mantenimiento preventivo, pues el presupuesto destinado a sueldos de porteros y honorarios de la administración tomaba entre el 70 y el 80% de las expensas estipuladas, expensas que ya resultaban onerosas según opinión de la mayoría de lo vecinos consultados.

5. Recomendaciones finales

El comienzo del tercer milenio encuentra a la mayor parte de la población de Argentina viviendo en medios urbanos. Una tercera parte de la misma reside en el área metropolitana, conformada por la Ciudad de Buenos Aires y el Gran Buenos Aires. Entre ambos abarcan una superficie de 3.906 km^2 y contienen una población de más de 12 millones de habitantes, configurando una de las grandes metrópolis del mundo.

La ciudad de Buenos Aires con una población de 2.768.772 habitantes, según el Censo de 2001,[14] registra la existencia de 1.026.071 hogares, de los cuales un 11% serían deficitarios, según estadísticas dadas por el propio municipio. Actualmente, 400.000 personas se encuentran en situación de emergencia habitacional, lo que indica que Buenos Aires es el área urbana que detenta el segundo lugar en cuanto a déficit de vivienda en el nivel nacional, después del Gran Buenos Aires.

Según la Coordinadora de Villas de la ciudad, la población en asentamientos de emergencia se duplicó en los últimos años, contándose en los mismos aproximadamente 150.000 habitantes.

Por su parte, un estudio de la Defensoría de la Ciudad, precisa que en la ciudad hay 200.000 personas que ocupan inmuebles tomados, otras 70.000 que viven en inquilinatos y otras 70.000 que residen en hospedajes o alojamientos. A éstas se suman unas 120.000 personas alojadas

---

14. Censo Nacional de Población y Vivienda 2001, Instituto Nacional de Estadística y Censos (INDEC).

en viviendas de familiares, habitaciones rentadas o hacinadas en vivienda propia.

Estos datos estarían indicando que *aproximadamente el 20% de los habitantes de la ciudad se halla en una situación habitacional deficitaria.*[15] Desde otro ángulo, se verifica que la mayor parte de la acción pública ha estado históricamente dirigida a la construcción de viviendas nuevas y completas ("llave en mano"). Fueron escasas las acciones encaminadas al mejoramiento del parque existente cuando, de acuerdo con las estadísticas disponibles, los dos tercios de los hogares con problemas habitacionales los resolverían a través de refacciones, completamiento o ampliaciones de la vivienda que actualmente ocupan.

Por otra parte, el sector privado está muy lejos de atender las necesidades de los sectores de ingresos medios *"las últimas estadísticas en la construcción de viviendas mostraron que durante 2005 el 80% de los desarrollos fueron de lujo... la inquietud surge del análisis de las últimas cifras que indican que los compradores de las unidades suntuarias son inversores –muchos del extranjero– tentados de operar en el mercado inmobiliario con valores inferiores a los internacionales..."* (RESNICK BRENNER, 2006).

El grave déficit habitacional pone a la luz una polémica necesaria sobre los modos de concepción, construcción, adjudicación y uso de las viviendas.

Entre las muchas preguntas que deberíamos hacernos respecto al desempeño de las viviendas construidas surgen las siguientes: el Estado y los privados ¿ejercieron un control de calidad suficiente durante su construcción?; ¿las adjudicaciones a los destinatarios fueron transparentes?; ¿los usuarios escrituraron las unidades, o una sumatoria de conflictos no previstos resultaron en situaciones de tenencia precaria?, ¿los espacios libres terminaron en espacios comunes que hoy son *tierra de nadie?*; en cuanto a tecnología, podríamos preguntarnos: los sistemas constructivos ¿corresponden a la capacidad industrial instalada y mano de obra disponible?; la búsqueda formal ¿no relega a un segundo plano soluciones que aseguren una calidad de vida adecuada para los habitantes?

---

15. http://www.lanacion.com.ar/EdicionImpresa/informaciongeneral/nota.asp?nota_id=821963

Estos interrogantes deben ser investigados y revisados periódicamente, con el fin de mejorar la calidad de la gestión del mantenimiento de las viviendas y su entorno.

Los estudios realizados permiten afirmar que existe una amplia brecha entre el *mantenimiento óptimo*, necesario para que los edificios funcionen de acuerdo a parámetros aceptables de calidad, y la disponibilidad económica de los copropietarios y administradores para llevarlo adelante. Por ello, se plantea postergar el mantenimiento óptimo y realizar un *mantenimiento posible*, en tanto se van adoptando medidas progresivas para alcanzar dicho objetivo.

En la actualidad, puede verificarse que:

- El parque habitacional social, aún en el caso de edificios relativamente nuevos, se encuentra en gran parte deteriorado, por lo que los costos de mantenimiento y rehabilitación a afrontar resultan importantes.
- Los usuarios, por su condición socioeconómica, sólo disponen de mínimos recursos, que en muchos casos apenas les permite subsistir, en una época signada por el desempleo o la subocupación.
- La economía en el sector público se encuentra en crisis y no existen mecanismos administrativos o jurídicos para que el Estado se haga responsable de gastos durante el ciclo de vida de los conjuntos.

De acuerdo a ello, un mantenimiento *posible* debería orientarse a:

- Aplicar métodos similares a los utilizados en el Reino Unido por el sector público, para "priorizar" gastos en mantenimiento (Chapman, 2000), distribuyéndolos de forma racional en el tiempo, de manera de enfrentar primero aquellos problemas fundamentales de seguridad, habitabilidad y durabilidad, y no malgastar el escaso presupuesto disponible en arreglos cosméticos.
- Relacionar esos gastos con los ingresos de los usuarios, de modo que sólo consuman un porcentaje establecido de su salario real, que no comprometa los otros usos primarios del mismo (alimentación, salud, educación). Gastos por sobre dicho porcentaje deberían ser

subsidiados por organismos públicos u ONGS, con afectación exclusiva a tareas de mantenimiento y operación.

• Difundir pautas para el buen uso y mantenimiento de los edificios, ya que muchos problemas durante la vida útil se agravan justamente por acciones erróneas, por omisión o desconocimiento de los mismos usuarios. Quedan fuera de esta consideración las actitudes de vandalismo, originadas en causas sociológicas más complejas.

• Racionalizar los gastos en mantenimiento a partir de la planificación, administración, gestión y control de los insumos y trabajos requeridos para tal fin.

A los efectos de ir modificando paulatinamente la situación histórica respecto de la consideración del mantenimiento, se proponen las siguientes acciones:

• Generalizar la incorporación de los aspectos económicos del mantenimiento y operación de edificios como un criterio más a considerar en el diseño y evaluación de proyectos. Este proceso concierne tanto a la formación de grado y posgrado en arquitectura, como a las exigencias reglamentarias y el control administrativo a implementar por organismos públicos y privados, y asimismo, a la consideración de estos aspectos al juzgar concursos de proyectos o al evaluar presupuestos.

• De acuerdo a los antecedentes de países avanzados en esta problemática, es altamente recomendable la creación de bases de datos históricos que permitan incorporar los costos de operación y mantenimiento para ser utilizados como herramientas de diseño, al evaluar opciones tipológicas y tecnológicas alternativas. Para ello se debería adoptar un formato normalizado que permita registrar el destino de los gastos y los montos de las expensas que realicen las administraciones de todos los edificios, a fin de poder ser incorporados de manera simple y económica a una base de datos general.

Frente a la crítica situación que se verifica en el estado de nuestro parque habitacional social, las iniciativas de rehabilitación y mantenimiento se presentan como un desafío impostergable.

Anexo I

Obras realizadas en la Ciudad de Buenos Aires por acción directa del sector público, 1907-2002 (orden cronológico)

Año de finalización	Nombre	Cantidad viviendas	Operatoria
1907	Barrio Buteler	64	Ley de Casas Baratas (4824/05)
1910	Barrio Parque Patricios	116	Ley de Casas Baratas (4824/05)
1919	Casa colectiva V. Alsina	70	Comisión Nacional de Casas Baratas
1921	Barrio Cafferata	160	Comisión Nacional de Casas Baratas
1922	Casa Colectiva Rivadavia	41	Comisión Nacional de Casas Baratas
1923	Barrio Emilio Mitre	623	MCBA/Contrato Compañía de Construcciones Modernas
1923	Barrio Nazca	476	MCBA/Contrato Compañía de Construcciones Modernas
1924	Barrio Liniers	1.114	MCBA/Contrato Compañía de Construcciones Modernas
1924	Barrio Varela	650	MCBA/Contrato Compañía de Construcciones Modernas
1926	Barrio Bonorino	902	MCBA/Contrato Compañía de Construcciones Modernas
1926	Barrio Segurola	669	MCBA/Contrato Compañía de Construcciones Modernas
1927	Barrio Alvear I	127	Comisión Nacional de Casas Baratas
1927	Barrio Tellier	556	MCBA/Contrato Compañía de Construcciones Modernas
1928	Casa Colectiva Los Andes	154	MCBA / Llamado a Concurso
1934	Barrio Guillermo Rawson	176	Comisión Nacional de Casas Baratas
1937	Casa Colectiva Alvear II	128	Comisión Nacional de Casas Baratas
1937	Casa Colectiva América	95	Comisión Nacional de Casas Baratas
1939	Casa Colectiva Patricios	77	Comisión Nacional de Casas Baratas
1943	Casa Colectiva M. Rodríguez	141	Comisión Nacional de Casas Baratas
1948	Barrio Balbastro	108	Plan Eva Perón
1948	Barrio Sáenz Peña	177	Plan Eva Perón
1949	Barrio Saavedra	428	Plan Eva Perón

Año de finalización	Nombre	Cantidad viviendas	Operatoria
1949	Barrio Manuel Dorrego	1.068	Plan Eva Perón
1950	Barrio Gral. San Martín	959	Plan Eva Perón
1952	Barrio Albarellos	40	Plan Eva Perón
1953	Barrio Simón Bolívar	676	Plan Eva Perón
1954	Barrio Alvear III	1.692	Plan Eva Perón
1957	Barrio Pte. Rivadavia	1.168	Plan de Acción Inmediata
1957	Barrio Pte. Mitre	324	Plan de Acción Inmediata
1957	Barrio Almte. Brown	468	MCBA
1958	Barrio Lisandro de la Torre	96	MCBA
1965	Conjunto Urbano Castro	400	Plan Municipal de la Vivienda
1966	Conjunto Urbano A. Palacios	2.200	Plan Municipal de la Vivienda
1967	Conjunto Urbano Nagera	1.302	Plan Municipal de la Vivienda
1967	Conjunto Urbano Constitución	508	Plan Municipal de la Vivienda
1969	Conjunto Urbano Mariano Castex I (San Pedrito)	576	MCBA
1970	Conjunto Urbano Pampa I	176	MCBA
1973	Conjunto Urbano Gral. Savio (Lugano I y II)	6.440	Desarrollo Urbano del Parque Alte. Brown
1974	Barrio Justo Suárez	126	Plan Piloto de Realojamiento Villa 6
1975	Conjunto Urbano Lugano (ex PEVE n° 2)	293	Plan de Erradicación de Villas de Emergencia
1978	Conjunto Urbano Soldati	3.200	Plan de Erradicación de Villas de Emergencia
1978	Conjunto Urbano Albarellos (ex PEVE n° 26)	193	Plan de Erradicación de Villas de Emergencia
1980	Conjunto Urbano Pampa II	72	MCBA
1981	Conjunto Urbano Cmte. Piedrabuena	2.100	Plan Alborada
1983	Conjunto Urbano Mariano Castex II	480	MCBA
1984	Conjunto Urbano Cardenal Copello	1.138	FONAVI
1984	Conjunto Urbano Cmte. Espora	816	FONAVI
1988	Conjunto Urbano Mascías	392	FONAVI
1988	Barrio Pte. Illia I y II	612	FONAVI
1989	Conjunto Urbano Cardenal Samoré	1.218	FONAVI
1989	Conjunto Urbano Lafuente	402	FONAVI
1990	Barrio Ramón Carrillo	700	FONAVI
1991	Cooperativa Amaui (Zanartu 1570)	153	FONAVI Cofinanciado con Cooperativas
1991	Cooperativa 6 de Julio (Boyacá)	55	FONAVI Cofinanciado con Cooperativas
1991	Cooperativa Cofar (Plaza)	44	FONAVI Cofinanciado con Cooperativas

Año de finalización	Nombre	Cantidad viviendas	Operatoria
1992	Conjunto Urbano Gral. Savio III	1.496	FONAVI
1992	Cooperativa Hogar I y II	132	FONAVI Cofinanciado con Cooperativas
1992	Cooperativa Techos (Plaza)	80	FONAVI Cofinanciado con Cooperativas
1992	Cooperativa Poder Legislativo I	77	FONAVI Cofinanciado con Cooperativas
1992	Conjunto Urbano Consorcio XVI	240	FONAVI
1992	Cooperativa Grand Bourg (Guardia Nacional)	108	FONAVI Cofinanciado con Cooperativas
1992	Barrio Lugano (Villa 20)	53	FONAVI
1993	Cooperativa Poder Legislativo II	95	FONAVI Cofinanciado con Cooperativas
1993	Cooperativa Covitur (J. Bonifacio)	87	FONAVI Cofinanciado con Cooperativas
1994	Barrio Cildañez (Villa 6)	128	FONAVI
1995	Conjunto Urbano Floresta	102	FONAVI
1996	Edificio Donizetti y Rivadavia	428	MCBA / FONAVI
1996	Cooperativa Codepro (Moreno)	49	FONAVI Cofinanciado con Cooperativas
1996	Cooperativa 6 de Julio (Bonifacio)	44	FONAVI Cofinanciado con Cooperativas
1996	Cooperativa Villa Luro (F. Bilbao)	38	FONAVI Cofinanciado con Cooperativas
1996	Conjunto Urbano Rivadavia II	456	FONAVI
1997	Cooperativa Gral. Mosconi (E. Castro)	99	FONAVI Cofinanciado con Cooperativas
1997	Cooperativa Reconst. Municipal	71	FONAVI Cofinanciado con Cooperativas
1997	Cooperativa Mutual Subterráneos I	70	FONAVI Cofinanciado con Cooperativas
1997	Cooperativa Mutual Subterráneos II	70	FONAVI Cofinanciado con Cooperativas
1997	Cooperativa Gral. Mosconi (Chile)	63	FONAVI Cofinanciado con Cooperativas
1997	Cooperativa Grand Bourg (Gaona)	48	FONAVI Cofinanciado con Cooperativas
1997	Cooperativa Mayo (Jaramillo)	48	FONAVI Cofinanciado con Cooperativas
1997	Cooperativa Grand Bourg (Avellaneda)	44	FONAVI Cofinanciado con Cooperativas
1997	Cooperativa Grand Bourg (C. C.)	16	FONAVI Cofinanciado con Cooperativas
1999	Irala Parcela 5	58	FONAVI Tradicional
1999	Irala Parcela 6	82	FONAVI Tradicional
1999	Irala Parcela 3	57	FONAVI Tradicional
1999	Irala Parcela 4	80	FONAVI Tradicional
1999	Irala Parcela 1	66	FONAVI Tradicional
1999	Rivera Indarte Sector 2 Edificio 1	31	FONAVI Tradicional
1999	Rivera Indarte Sector 1 Edificio 3	31	FONAVI Tradicional
1999	Rivera Indarte Sector 2 Edificio 2	33	FONAVI Tradicional
1999	Cooperativa AMAUI, Fco. Bilbao 2329	40	FONAVI Cofinanciado con Cooperativas

Año de finalización	Nombre	Cantidad viviendas	Operatoria
2000	Irala Parcela 2	66	FONAVI Tradicional
2000	Irala Parcela 7	57	FONAVI Tradicional
2000	Acoyte 543/45/47 (ex IMPS 1)	32	FONAVI Tradicional
2000	Acoyte 593/5/7 (ex IMPS 2)	26	FONAVI Tradicional
2000	Cooperativa Poder Legislativo, Independencia 3758	52	FONAVI Cofinanciado con Cooperativas
2000	Cooperativa Poder Legislativo, Carlos Calvo 3248	62	FONAVI Cofinanciado con Cooperativas
2000	Palos 460	31	Renovación de Conventillos de La Boca
2000	Brandsen 626	12	Renovación de Conventillos de La Boca
2000	Barrio Lugano (Villa 20 - Mz 11S)	74	Nuevas Urbanizaciones / PRIT
2000	Barrio Lugano (Villa 20 - Mz 11Q)	70	Nuevas Urbanizaciones / PRIT
2001	Cooperativa 6 de Julio Ltda., Varela 655	38	Terreno, Proyecto y Construcción
2001	Brandsen 660	29	Renovación de Conventillos de La Boca
2001	Suárez 515	23	Renovación de Conventillos de La Boca
2001	Barrio Flores Sur (Villa 1/11/14 - Mz.2 Q)	40	Nuevas Urbanizaciones / PRIT
2001	Barrio Cildañez (Villa 6 - Mz.102M - Parc. 1-2-3-4-5-8-9-10)	52	Nuevas Urbanizaciones / PRIT
2002	Edificio Av. Alte. Brown 918/34	58	Terreno, Proyecto y Construcción
2002	Cooperativa Unión Justicia Nación,	29	Terreno, Proyecto y Construcción
2002	Cnel. R. L. Falcón 3999 Edificio Av. Directorio 3935	44	Terreno, Proyecto y Construcción
2002	Edificio Moreno 2576/82	50	Terreno, Proyecto y Construcción
2002	Barrio Flores Sur (Villa 1/11/14 - Mz.2 L - Parc. 3 a Parc. 9)	260	Nuevas Urbanizaciones / PRIT
2002	Barrio Flores Sur (Villa 1/11/14 - Mz.2 R - Parc. 1 a 5)	182	Nuevas Urbanizaciones / PRIT
2002	Barrio Flores Sur (Villa 1/11/14 - Sector Bonorino - Parc. 5B)	96	Nuevas Urbanizaciones / PRIT
2002	Barrio Flores Sur (Villa 1/11/14 - Sector Bonorino - Parc. 5A)	96	Nuevas Urbanizaciones / PRIT

Anexo II

Planes y Operatorias de Vivienda con aplicación en la CBA

Elaboración: T. Boselli, en base a datos procesados sobre 120 intervenciones del sector público en la Ciudad de Buenos Aires

Contrato MCBA / Compañía de Construcciones Modernas

Período de ejecución: 1923-1927

Organismo ejecutor: municipal (Municipalidad de la Ciudad de Buenos Aires)

Tipología arquitectónica: Barrios de vivienda individual sobre lote propio (8 × 8)

Densidad promedio: 426 (hab. x Ha)

Cantidad de intervenciones: 7

Cantidad de viviendas: 4.990

Intervenciones

Año	Designación	Viviendas
1923	Barrio Emilio Mitre	623
1923	Barrio Nazca	476
1924	Barrio Liniers	1.114
1924	Barrio Varela	650
1926	Barrio Bonorino	902
1926	Barrio Segurola	669
1927	Barrio Tellier	556

Figura 22. Barrio Nazca. Frente de las viviendas.

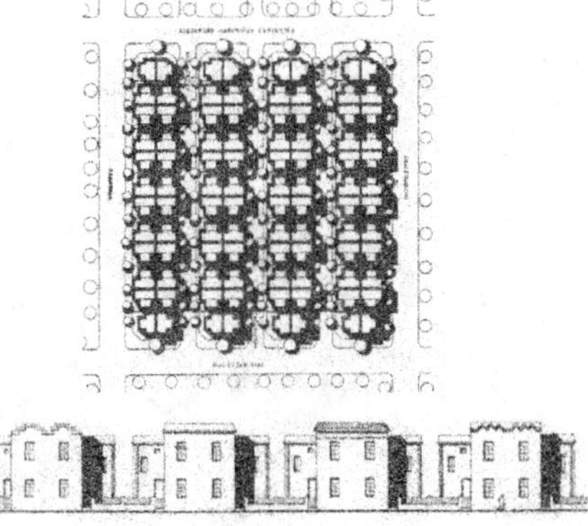

Figura 21. Barrio Nazca. Vista y planta de conjunto

Comisión Nacional de Casas Baratas

Período de ejecución: 1919-1943

Organismo ejecutor: nacional (Comisión Nacional de Casas Baratas)

Tipología arquitectónica: Barrios de vivienda individual sobre lote propio (8 × 8)

y Casas Colectivas (sistema de pabellones conformando patios de PB y hasta 3 pisos altos)

Densidad promedio: 740 (hab. x Ha)

Cantidad de intervenciones: 9

Cantidad de viviendas: 1.015

Intervenciones

Año	Designación	Viviendas
1919	Casa Colectiva V. Alsina	70
1921	Barrio Cafferata	160
1922	Casa Colectiva Rivadavia	41
1927	Barrio Alvear (1ª etapa)	127
1934	Bº Guillermo Rawson	176
1937	Barrio Alvear (2ª etapa)	128
1937	Casa Colectiva América	95
1939	Casa Colectiva Patricios	77
1943	Casa Colectiva M. Rodríguez	141

Figura 23. Casa Colectiva Martín Rodríguez

Figura 24. Barrio Alvear (2ª etapa). Vista de acceso a viviendas

Operatorias municipales puntuales (anteriores a la creación de la CMV)

Período de ejecución:1928-1958

Organismo ejecutor: municipal (Municipalidad de la Ciudad de Buenos Aires)

Tipología arquitectónica: Tipologías variadas

Densidad promedio: 430 (hab. x Ha)

Cantidad de intervenciones: 3

Cantidad de viviendas: 718

Intervenciones

Año	Designación	Viviendas
1928	Casa Colectiva Los Andes	154
1957	Barrio Almte. Brown	468
1958	Barrio Lisandro de la Torre	96

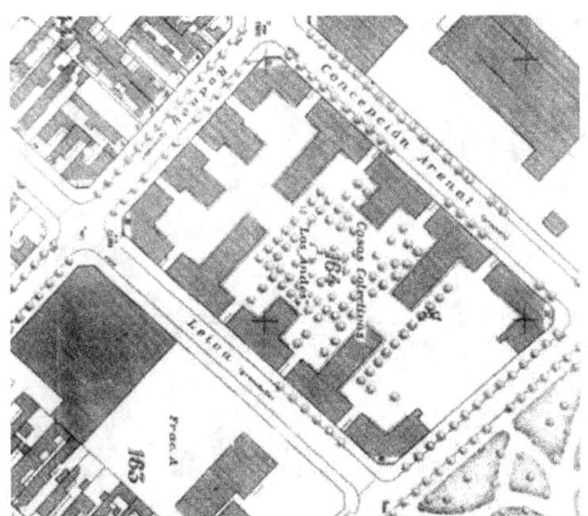

Figura 25. Casa Colectiva Los Andes.
Planta de conjunto.

Figura 26. Casa Colectiva Los Andes.
Fachada con acceso sobre una de las
calles perimetrales.

Plan Eva Perón

Período de ejecución: 1948-1950

Organismo ejecutor: municipal (Municipalidad de la Ciudad de Buenos Aires)

Tipología arquitectónica: Conjunto de Edificios en tira ("monoblocks"), de perímetro libre, de PB y hasta 3 pisos altos

Densidad promedio: 403 (hab. x Ha)

Cantidad de intervenciones: 4

Cantidad de viviendas: 2.312

Intervenciones

Año	Designación	Viviendas
1948	Barrio Balbastro	108
1948	Barrio Sáenz Peña	177
1949	Barrio Manuel Dorrego	1.068
1950	Barrio Gral. San Martín	959

Figuras 27 y 28. Barrio Manuel Dorrego.
Planta y vista del conjunto en la etapa de finalización de la obra.

Plan Eva Perón

Período de ejecución: 1949-1954

Organismo ejecutor: nacional (Banco Hipotecario Nacional)

Tipología arquitectónica: Barrios Vivienda Individual y Conjunto de Edificios en altura (tipo pabellón con perímetro libre)

Densidad promedio: 402 (hab. x Ha)

Cantidad de intervenciones: 4

Cantidad de viviendas: 2.836

Intervenciones

Año	Designación	Viviendas
1949	Barrio Saavedra	428
1952	Barrio Albarellos	40
1953	Barrio Simón Bolívar	676
1954	Barrio Alvear (3ª etapa)	1.692

Figura 29. Barrio Saavedra. Vista aérea.

Figura 30. Barrio Alvear III.

Plan de Acción Inmediata

Período de ejecución: 1956-1957

Organismo ejecutor: nacional (Comisión Nacional de Vivienda)

Tipología arquitectónica: Barrios de vivienda individual

Densidad promedio: 225 (hab. x Ha)

Cantidad de intervenciones: 2

Cantidad de viviendas: 1.492

Intervenciones

Año	Designación	Viviendas
1957	Barrio Presidente Rivadavia I	1.168
1957	Barrio Presidente Mitre	324

Figura 31. Barrio Presidente Rivadavia I y II. Vista aérea.

Figura 32. Barrio Presidente Rivadavia I.

Plan Municipal de la Vivienda

Período de ejecución: 1965-1967

Organismo ejecutor: municipal (Comisión Municipal de la Vivienda)

Tipología arquitectónica: Conjunto de Edificios en altura (torres, pabellones o tiras articuladas)

Densidad promedio: 1.108 (hab. x Ha)

Cantidad de intervenciones: 4

Cantidad de viviendas: 4.410

Intervenciones

Año	Designación	Viviendas
1965	C. U. Castro	400
1966	C. U. A. Palacios	2.200
1967	C. U. Nagera	1.302
1967	C. U. Constitución	508

Figura **33**. Conjunto Urbano Alfredo Palacios ("Catalinas Sur").

Figura **34**. Conjunto Urbano Nágera.

Desarrollo Urbano del Parque Almirante Brown

Período de ejecución: 1973-1992

Organismo ejecutor: municipal (Comisión Municipal de la Vivienda)

Tipologia arquitectonica: Mixta/ Edificios en altura, y Pabellones articulados

Densidad promedio: 530 (hab x Ha)

Cantidad de intervenciones: 2

Cantidad de viviendas: 7.936

Intervenciones

Año	Designación	Viviendas
1973	C. U. Gral Savio (Lugano I y II)	6.440
1992	C.U. Gral. Savio III	1.496

Figura 35 y 36. Conjunto Urbano Gral. Savio I y II. Vistas de la calle peatonal elevada y puente sobre calle vehicular principal que atraviesa el conjunto.

Plan de Erradicación de Villas de Emergencia (PEVE) y Plan Alborada

Período de ejecución: 1975-1981

Organismo ejecutor: nacional (Secretaría de Vivienda del Ministerio de Bienestar Social)

Tipologia arquitectonica: Mixta/ Edificios en altura y Pabellones ó Tiras articuladas

Densidad promedio: 1.412 (hab x Ha)

Cantidad de intervenciones: 4

Cantidad de viviendas: 5.786

Intervenciones

Año	Designación	Viviendas
1975	C.U. Lugano (ex PEVE N°2)	293
1978	C. U. Soldati	3.200
1978	C.U. Albarellos (ex PEVE N° 26)	193
1981	C.U. Cmte. Piedrabuena	2.100

Figura 37. Conjunto Urbano Albarellos.

Figura 38. : Conjunto Urbano Soldati.

FONAVI Tradicional

Período de ejecución: 1977-2002

Organismo ejecutor: municipal (Comisión Municipal de la Vivienda)

Tipología arquitectónica: Edificios en altura, entre medianeras o de perímetro libre

Densidad promedio: 1.296 (hab. x Ha)

Cantidad de intervenciones: 24

Cantidad de viviendas: 6.876

Intervenciones

Año	Designación	Viviendas
1984	C.U. Cardenal Copello	1.138
1984	C.U. Cmte. Espora	816
1988	C. U. Mascias	392
1988	Barrio Pte. Illia I y II	612
1989	C.U. Cardenal Samore	1.218
1989	C. U. Lafuente	402
1990	Barrio Ramón Carrillo	700
1992	C.U. Consorcio XVI	240
1992	Barrio Lugano (Villa 20)	53
1994	Barrio Cildañez (Villa 6)	128
1995	C.U. Floresta	102
1996	C.U. Rivadavia II	456
1999	Casa Amarilla (IRALA Parcela 5)	58
1999	Casa Amarilla (IRALA Parcela 6)	82
1999	Casa Amarilla (IRALA Parcela 3)	57
1999	Casa Amarilla (IRALA Parcela 4)	80
1999	Casa Amarilla (IRALA Parcela 1)	66
1999	R. INDARTE (Sector 2 Edificio 1)	31
1999	R. INDARTE (Sector 1 Edificio 3)	31
1999	R. INDARTE (Sector 2 Edificio 2)	33
2000	Casa Amarilla (IRALA Parcela 2)	66
2000	Casa Amarilla (IRALA Parcela 7)	57
2000	Acoyte 543/45/47 (ex IMPS 1)	32
2000	Acoyte 593/5/7 (ex IMPS 2)	26

Figura 39.
Conjunto Urbano Cardenal Copello.

FONAVI Cofinanciado con Cooperativas

Período de ejecución: 1991-2000

Organismo ejecutor: municipal (Comisión Municipal de la Vivienda)

Tipología arquitectónica: Edificio en altura, en propiedad Horizontal, entre medianeras o de perímetro libre

Densidad promedio: 1.869 (hab. x Ha)

Cantidad de intervenciones: 24

Cantidad de viviendas: 1.645

Intervenciones

Año	Designación	Viviendas
1991	Cooperativa Amaui (Zanartu 1570)	153
1991	Cooperativa 6 de Julio (Boyacá)	55
1991	Cooperativa Cofar (Plaza)	44
1992	Cooperativa Hogar I y II	132
1992	Cooperativa Techos (Plaza)	80
1992	Cooperativa Poder Legislativo I	77
1992	Cooperativa Grand Bourg (Guardia Nac.)	108
1993	Cooperativa Poder Legislativo II	95
1993	Cooperativa Covitur (J.Bonifacio)	87
1996	Cooperativa Codepro (Moreno)	49
1996	Cooperativa 6 de Julio (Bonifacio)	44
1996	Cooperativa Villa Luro (F.Bilbao)	38
1997	Cooperativa Gral. Mosconi (E.Castro)	99
1997	Cooperativa Reconst. Municipal	71
1997	Cooperativa Mutual Subterráneos I	70
1997	Cooperativa Mutual Subterráneos II	70
1997	Cooperativa Gral.Mosconi (Chile)	63
1997	Cooperativa Grand Bourg (Gaona)	48
1997	Cooperativa Mayo (Jaramillo)	48
1997	Cooperativa Grand Bourg (Avellaneda)	44
1997	Cooperativa Grand Bourg (C. C.)	16
1999	Cooperativa Amaui (Fco. Bilbao 2329)	40
2000	Cooperativa Poder Legislativo (Independencia)	52
2000	Cooperativa Poder Legislativo (C. Calvo)	62

Figura 40.
Cooperativa Mutual Subterráneos.

Terreno, Proyecto y Construcción

Período de ejecución: 2000-en adelante

Organismo ejecutor: municipal

Tipologia arquitectonica: Edificio en altura, en Propiedad Horizontal, entre medianeras o de perímetro libre

Densidad promedio: 2.717 (hab x Ha)

Cantidad de intervenciones: 13

Cantidad de viviendas: 659

Intervenciones

Año	Designación	Viviendas
2001	Cooperativa 6 de Julio Ltda. (Varela 655)	38
2002	Av. Alte. Brown 918/34	58
2002	Cooperativa Unión Justicia Nación (Cnel. R. L. Falcón 3999)	29
2002	Av. Directorio 3935	44
2002	Moreno 2576/82	50
2002	Cnel. Salvadores 757	41
ns/nc	Cnel. R. L. Falcón 5673/85	47
2003	Av. Rivadavia 10172	51
2004	Av. Directorio 3325/55	47
2004	Oliden 434/450	68
2004	Albariño 41/65	70
2004	Albariño 91	47
ns/nc	Castro Barros 929/43	69

Figura 41. Cnel. R. L. Falcón 3999.

Figura 42. Cnel. R. L. Falcón 5673.

Figura 43. Cooperativa 6 de Julio.

Figura 44. Av. Directorio 3935.

PRIT / Nuevas Urbanizaciones
(Radicación y Realojamiento de habitantes de Villas de Emergencia)

Período de ejecución:1992 - en adelante

Organismo ejecutor: municipal (Comisión Municipal de la Vivienda)

Tipologia arquitectonica: Edificios en Tira, de perímetro semi-libre, de PB + 2 o 3 pisos altos

Densidad promedio: 635 (hab x Ha)

Cantidad de intervenciones: 10

Cantidad de viviendas: 1.051

Intervenciones

Año	Designación	Viviendas
1992	Barrio Lugano (Villa 20)	53
1994	Barrio Cildañez (Villa 6)	128
2000	Barrio Lugano (Villa 20 - Mz 11S)	74
2000	Barrio Lugano (Villa 20 - Mz 11Q)	70
2001	Barrio Flores Sur (Villa 1/11/14- Mz.2 Q)	40
2001	Barrio Cildañez (Villa 6 - Mz.102M - Parc. 1-2-3-4-5-8-9-10)	52
2002	Barrio Flores Sur (Villa 1/11/14 - Mz.2 L - Parc 3 a Parc 9)	260
2002	Barrio Flores Sur (Villa 1/11/14- Mz.2 R - Parc. 1 a 5)	182
2002	Barrio Flores Sur (Villa 1/11/14 - Sector Bonorino - Parc. 5B)	96
2002	Barrio Flores Sur (Villa 1/11/14 - Sector Bonorino - Parc. 5A)	96

Figura 45. Barrio Cildañez (Villa 6).

Figura 46. Barrio Lugano (Villa 20).

Figura 47. Barrio Lugano (Villa 20). Vista general del conjunto.

Renovación de Conventillos de La Boca

Período de ejecución: 2000- en adelante

Organismo ejecutor: municipal

Tipología arquitectónica: Edificio de PB + 3 pisos altos, tipo pabellón conformando patios

Densidad promedio: 1.203 (hab. x Ha)

Cantidad de intervenciones: 4

Cantidad de viviendas: 95

Intervenciones

Año	Designación	Viviendas
2000	Palos 460	31
2000	Brandsen 626	12
2001	Brandsen 660	29
2001	Cnel. Suárez 515	23

Figura 48.
Brandsen 660.

Figura 49.
Cnel. Suárez 515.

Figura 50. Palos 460.

Operatorias municipales puntuales

Período de ejecución: 1969-1996

Organismo ejecutor: municipal (Comisión Municipal de la Vivienda)

Tipología arquitectónica: Tipologías variadas

Densidad promedio: 1.321 (hab. x Ha)

Cantidad de intervenciones: 6

Cantidad de viviendas: 1858

Intervenciones

Año	Designación	Viviendas
1969	C.U. Mariano Castex I (San Pedrito)	576
1970	C. U. Pampa I	176
1974	Barrio Justo Suárez	126
1980	C. U. Pampa II	72
1983	C.U. Mariano Castex II	480
1996	Donizetti y Rivadavia	428

Figura 51. Barrio Justo Suárez.

Figura 52. Edificio Donizetti y Rivadavia.

Anexo III

Normativa relacionada con la vivienda social, ámbito nacional y municipal

1905 / Ley 4.824/05 / Nación
de Casas Baratas, también denominada Ley Irigoyen.

1915 /Ley 9.677/15 / Nación
Conocida como "Ley Cafferata", da lugar a la creación de la Comisión Nacional de Casas Baratas (cncb).

1945 / Decreto 11.157/45 / pen
Disuelta en 1944 la Comisión Nacional de Casas Baratas, el Decreto constituye la Administración Nacional de Vivienda.

1948 / Ley 13.512 / Nación
Régimen de Propiedad Horizontal.

1947 / Primer Plan Quinquenal
Ese mismo año, la Administración Nacional de la Vivienda pasa a depender del Banco Hipotecario Nacional.

1948 / Ley 13.512 / Nación: de Propiedad Horizontal
Permite por primera vez la subdivisión y venta por separado de distintas unidades de un mismo inmueble multifamiliar. La sanción de esta ley tiende a "facilitar el acceso de todos los argentinos a la propiedad privada".

1949 / Ley 13.581/ Nación
Plantea que "la locación de los inmuebles estará subordinada a la función social de la propiedad", introduciendo un régimen de emergencia que obliga a los propietarios de inmuebles deshabitados a ofrecerlos en alquiler.

1952 / Segundo Plan Quinquenal
Contiene el Primer Plan de Vivienda a nivel Nación.

1956 / Nación
Crea la Comisión Nacional de Vivienda (cnv).

1957 / amba
Se crea la Dirección General de Vivienda con jurisdicción en Capital Federal y Gran Buenos Aires.

1961 / Nación
Se crea la Administración Federal de Vivienda, dependiente del Ministerio de Economía.

1963 / Nación
Se crea la Caja Federal de Ahorro y Préstamo para la Vivienda.
Destinada a estimular la inversión de capitales privados a través de entidades de ahorro y préstamo.

1965 / Nación
Se crea la Secretaría de Estado de Planeamiento y Vivienda (sepv).

1966 / Nación
La sepv pasa a ser Subsecretaría (ssepv) dependiente del Ministerio de Bienestar Social.

1967 / Ley 17.605 / Nación
Plan de Erradicación de Villas de Emergencia (peve).

1967 / Ley 17.174 / CBA
Comisión Municipal de la Vivienda (CMV) de la Ciudad de Buenos Aires. Se crea como ente autárquico y se reglamenta la CMV (ya creada en 1962).

1971 / Ley 18.943 / NACIÓN
Transferencia a la CMV de 18 barrios construidos, por acción directa del Estado, en jurisdicción de la ciudad de Buenos Aires.

1972 / Ley 19.929 / NACIÓN
Creación del Fondo Nacional para la Vivienda (FONAVI).

1974 / NACIÓN
El Plan PEVE es reemplazado por el Plan Alborada.

1977 / Ley 21.581 / NACIÓN
Se reglamenta y pone en marcha el Fondo Nacional para la Vivienda (FONAVI).

1995 / Ley 24.464 / NACIÓN: creación del SISTEMA FEDERAL DE LA VIVIENDA
Sanción: marzo 8, 1995. Promulgación parcial: marzo 27, 1995. B.O.: 04/04/95.
Objeto: Co-participación de los fondos FONAVI a las provincias y al GCBA.

1998 / Ley N° 148/98 / GCBA
Sanción: 30/12/98, Promulgación: Decreto N° 123/99 del 20/01/99, Publicación: B.O. N° 621 del 29/01/99.
Declarada de atención prioritaria a la problemática social y habitacional en las Villas y Núcleos.
Habitacionales Transitorios (NHT), caracterizados por reunir las siguientes condiciones:
- Carencia de infraestructura.
- Situaciones de irregularidad en la posesión de terrenos o viviendas.
- Condiciones de deterioro o precariedad en las viviendas.

1998 / Decreto N° 861/98 / GCBA
Crea la Operatoria Casa Propia.

1999 / Ley N° 177 / GCBA
Sanción: 15/04/99, Promulgación: de hecho, 17/05/99, Publicación: BOCBA
N° 703 del 28/05/99.
Crea la Comisión Técnica destinada a formular propuestas de solución
para los problemas que afectan el proceso de escrituración de complejos
urbanos y barrios de la ciudad de Buenos Aires.

2000 / Ley N° 324/00 / GCBA
Creación del programa de Recuperación de la traza de la ex AU3.

2000 / Ley N° 341/00 / GCBA
Sanción: 24/02/2000, Promulgación: De Hecho del 16/03/2000, Publicación: BOCBA N° 928 del 24/04/2000.
Crea una operatoria basada en el otorgamiento de subsidios o créditos
con garantía hipotecaria (de hasta $30.000- por grupo familiar), éstos
últimos aplicables a operatorias de:
   • compra o construcción de vivienda económica unifamiliar o multifamiliar.
   • Compra de vivienda económica unifamiliar o multifamiliar y obras
   destinadas a ampliación o refacción.
   • obra destinada a ampliación o refacción.
   • compra de edificio y obras destinadas a su rehabilitación.

2000 / Ley N° 403/00 / GCBA
Sanción: 08/06/2000, Promulgación: Decreto N° 952/2000 del 06/07/2000,
Publicación: BOCBA N° 984 del 14/07/2000.
Crea el Programa de Planeamiento y Gestión Participativo de la Villa
1-11-14", destinado a elaborar, ejecutar y verificar el Plan Integral de
Urbanización de la misma en forma consensuada a través de una Mesa
de Planeamiento Participativo.
El Plan Integral de Urbanización deberá contemplar una propuesta de:

   • Trazado, apertura y dimensionamiento de calles, sendas y veredas.
   • Provisión y rehabilitación de la infraestructura y equipamiento
   comunitario.

• Regularización parcelaria y dominial.

• Creación de planes de vivienda social y recuperación de las áreas urbanas adyacentes.

• Adjudicación de las viviendas ya construidas por la Comisión Municipal de la Vivienda en el marco del consenso con los representantes de la Villa 1-11-14.

• Afectación al Plan Integral de Urbanización de las actuales tierras ocupadas por la villa y aquellas que se propongan a tal fin.

• Mejoramiento de la calidad ambiental.

• Organigrama del proyecto de obra y gestión con especificación de plazos, etapas de ejecución.

• Presupuesto participativo de los recursos necesarios para la ejecución del plan.

2000 / Ley N° 459/00 / GCBA

Sanción: 03/08/2000
Promulgación: Decreto N° 1695/2000 del 02/10/2000
Publicación: BOCBA N° 1042 del 05/10/2000
Crea el Programa de Rehabilitación del conjunto habitacional Colonia Sola ubicado en el Barrio de Barracas.

2001 / Ley N° 623/01 / GCBA

Sanción: 08/2001.
Declara en emergencia habitacional al Conjunto Urbano Soldati
Declara en emergencia edilicia y ambiental al complejo habitacional Soldati por el plazo de trescientos sesenta y cinco (365) días a partir de la promulgación de la presente ley.

2003 / Ley Nº 1056 / GCBA

Regularización de las anormalidades que afectan a los adquirentes de la Operatoria "Financiamiento Compartido" dirigido a Cooperativas vinculadas a Empresas Constructoras incluidas en la Licitación Pública 17/93 ratificada por Resolución 128/SS/94 y por Acta de Directorio de la Comisión Municipal de la Vivienda Nº 1457.

2003 / Ley 1251 / GCBA

Se modifica la normativa de la CMV, que pasa a denominarse "Instituto de Vivienda de la Ciudad Autónoma de Buenos Aires" (IVC)

Fuentes y bibliografía consultada

ÁLVAREZ DE CELIS, FERNANDO: "El sur en la ciudad de Buenos Aires: caracterización económica territorial de los barrios de La Boca, Barracas, Nueva Pompeya, Villa Riachuelo, Villa Soldati, Villa Lugano y Mataderos", en: *CEDEM Cuadernos de Trabajo* N° 6, Centro de Estudios para el Desarrollo Económico Metropolitano; Buenos Aires, 2003.

AMARILLA, BEATRIZ: "Economía de edificios: desarrollo de la disciplina en el contexto nacional e internacional", en: *Anales LINTA 2002. LINTA*, La Plata, 2003.

AMARILLA, B., DUNOWICZ, R. y HASSE, R.: "Social Housing Maintenance". En: *International Journal for Housing Science and its Applications*. Volume 26, N° 4, Florida, 2002.

BALIERO, H.; BECKINSTEIN, E.; BORTHAGARAY, M. y otros: "Del conventillo al conjunto habitacional" – *Summa* 192, octubre de 1983.

BALISTA, JOSÉ S.: "La vivienda y la investigación sociológica", en *Revista del Centro de Investigación y Acción Social* (CIAS), año XXXV, N° 351, abril de 1986.

BALLENT, A.: "Vivienda de Interés Social", en *Materiales para la historia de la arquitectura el hábitat y la ciudad en la Argentina*, Facultad de Arquitectura y Urbanismo, UNLP, 1997.

Base de datos del *Inventario de la Vivienda Social en la Ciudad de Buenos Aires*, Programa de Mantenimiento Habitacional /FADU/UBA.

Boletín Oficial de la República Argentina: n° 27477. "Ley 24130/92". IX/1992.

Boletín Oficial: n° 348, 19/12/97.

Boselli, T.: "La vivienda producida por el Estado para los sectores de menores recursos - Área Metropolitana de Buenos Aires". En "Hábitat y Vivienda: El gran desafío", Documento de Trabajo Nº 3. SICYT / FADU / UBA / Buenos Aires, 1997.
———; "Modalidades de Intervención de Vivienda Social en La Ciudad de Buenos Aires: La Última Década", en *Revista ÁREA* Nº 12 (c/ref.), Ediciones FADU/UBA, Buenos Aires, septiembre de 2006.

Carracero, Orlando: "El Hogar Obrero – Vanguardia de la economía social Argentina", en el *LXXV Aniversario de su creación*. El Hogar Obrero, Cooperativa de Consumo, Edificación y Crédito Ltda., Buenos Aires, 1980.

Castillo, Graciela; de Lorenzo, Carlos: "Radiografía de un programa necesario", en *HABITAR, publicación periódica de la Comisión Municipal de la Vivienda*, año 1, Nº 2, abril-junio de 2001.

Catenazzi, A. y Boselli, T.: "Los arquitectos proyectistas y las políticas oficiales de vivienda, Area Metropolitana de Buenos Aires, 1963-1973", en *Revista ÁREA* Nº 5. Ediciones FADU/UBA, Buenos Aires, 1995.

Censos Nacionales de Población y Vivienda 1991 y 2001: Website Instituto Nacional de Estadísticas y Censo (INDEC).

Centro de Estudios del Hábitat y la Vivienda 1988: "Consideraciones sobre aspectos urbanísticos y espaciales en conjuntos de vivienda económica con relación a las políticas del Área Metropolitana 1972-1988".

Centro oea – fadu / uba. Buenos Aires.

Chapman, K.: "The prioritisation of maintenance expenditura in social housing", en: *Anales iv Jornadas de la Asociación Red CaReMaH.* fadu/uba y Red CaReMaH, Buenos Aires, 2000.

Contrato de Adjudicación de Obra c.u. Irala, Manzana 6 J – Parcela 3 – 57 viviendas, 1 portería e infraestructura - Suscripto entre la cmv y la Empresa Contratista, diciembre de 1997.

cstb, Sciences Humaines: "Referentiel Methodologique de Rehabilitation", Ministère du Logement, Direction de l'habitat et de la Construction, Sous-Direction de la Qualité de l'habitat, París, 1995.

Dunowicz, R.; Amarilla, B.; Boselli, T.; Hasse, R.; y Velasco, E.: *El desempeño edilicio - La vida de los edificios en el tiempo,* Ediciones fadu, Buenos Aires, 2003.
———; y Maronna, A.: "La mejora de la calidad constructiva", en *vii compat*, Montevideo, 1999.
———; y Boselli, T., *et al: 90 Años de Vivienda Social en la Ciudad de Buenos Aires,* pmh, Ediciones de Arte Gaglianone, Buenos Aires, 2000.
———; Gerscovich, A; Boselli, T.: *Usuarios, técnicos y municipio en la rehabilitación del hábitat.* Serie Difusión N° 6. sicyt / fadu / uba, Buenos Aires, 1993.
———; Hasse, Rodolfo y Villaveiran, Fernando: *Desempeño del hormigón visto en la ciudad de Buenos Aires (1967/97).* Convenio icpa / fadu, pmh. Buenos Aires 2000.
———; Hasse, Rodolfo, Cardoni, Juan y Villveirän, Fernando, *et al: Evaluación del estado técnico constructivo y administrativo del Conjunto Urbano Soldati y propuestas de solución.* Convenio fadu / pmh - cmv, Buenos Aires, 2002.
———; Boselli, Teresa; Hasse, Rodolfo: *Evaluación del estado técnico constructivo y administrativo del Conjunto Urbano Piedrabuena y propuestas de solución.* Convenio fadu / pmh -cmv, Buenos Aires, 1996.

Fernández Wagner, Raúl: "Nuevos desafíos para una revisión crítica de las políticas habitacionales en América Latina. El caso de la Argentina en la era post-crisis", *Conferencia nutau 2004*, San Pablo, 2004.

Flanagan, R.: "Lyfe cycle costing, a means for evaluatingg quality", en *Quality and profit in building design*. Brandon y Powell, E. y F. N. Spon, Londres, 1984.

Foro Mercosur de Calidad y Productividad en Vivienda, Comisión Nº 3: *Informe sobre la situación de la vis en Argentina*, Dirección Nacional de Políticas Habitacionales, ssduv, Buenos Aires, mayo de 2001.

Gilboa, *et al*: *La vivienda social – Evaluación de programas y de tecnologías*. Facultad de Arquitectura, Montevideo, 1999.

Habitar, publicación periódica de la Comisión Municipal de la Vivienda, año 1, Nº 1/ enero a marzo de 2001, y Nº 3/ julio a septiembre de 2001.

Himitian, Evangelina: "Datos del Censo 2001: Los barrios que perdieron más vecinos", *Diario La Nación*, Buenos Aires, 6 de octubre de 2002.

Ley N° 1.056: Regularizar las anormalidades que afectan a los adquirentes de la Operatoria "Financiamiento Compartido", 2003.
Ley Nacional 24.464 de 1995 (Sistema Federal de la vivienda).

Licitación Pública N° 17/93 – Operatoria fonavi Cofinanciado con Cooperativas.
——, Nº 5/97 – Barrio Casa Amarilla – Sector Irala – Parcela 3 (ex 1b).
——, Nº12/97 – Programa La Boca - Palos 460, y N° 14/97 Brandsen 626
——, Nº 13/98 – Operatoria Terreno, Proyecto y Construcción

Mascaró, J: *Variación de los costos de los edificios con las decisiones arquitectónicas*. fau/unlp, La Plata, 1983.

Morosi, J., *et al*: *Diseño de un sistema de registro del patrimonio*. linta/cic, La Plata, 1997.

ORNSTEIN, SHEILA, *et al*: "Ambiente Construido & Comportamento", en *A avaliaçao pos-ocupaçao e a qualidade ambiental*, FUPAM, 1995.

PARICIO, IGNACIO: *La Construcción de la Arquitectura*, tomo I, II y III. Instituto de Tecnología Edilicia de Cataluña (ITEC), Barcelona, 1996.

PEGRUM, R. y P. BYCROFT: "Quality down under: building evaluation in Australia", en: *Building evaluation*. W. Preiser, Plenum Press, Londres, 1989.

RESNICK BRENNER, M.: "Urge una banca de inversión inmobiliaria", *Diario La Nación*, suplemento *Arquitectura*, 10 de mayo de 2006.

RESOLUCIÓN Nº 677 de 2006 - PD-IVC (INSTITUTO DE VIVIENDA DE LA CIUDAD AUTÓNOMA DE BUENOS AIRES): Constituye la Comisión Técnica creada por el art. 1° del decreto Nº 1.315/99 en el marco de la Ley Nº 177.

ROFE, JULIA, *et al*: *Boletín de economía social (INFOESIS)*. Facultad de ciencias económicas, UBA, año 1, Nº 4, febrero de 2005.

SHEN, K.; LO, K. y WANG, Q.: "Priority setting in maintenance management: a modified multi-attribute approach using analytic hierarchy process", en: *Construction Management and Economics*, vol. 16, Nº 6, E. y F. N. Spon, Londres, 1998.

SOUZA, R.; MITIDIERI, C.: *Evaluación de desempeño aplicada a nuevos componentes constructivos para vivienda*, Brasil, 1994.

SUÁREZ, ODILIA: *Planes y Códigos para Buenos Aires, 1925-1985*, Serie Ediciones Previas, SEUBE, FADU, UBA, diciembre de 1994.

TISCORNIA, ROBERTO: "Fenómenos Degresivos en Edificios – Introducción al análisis, evaluación y registro", Instituto de la Construcción de Edificios, FAU-UR, Montevideo, República Oriental del Uruguay, 1996.